Rund um Ratzeburg

Schaalseeregion

Rund um Mölln

Lauenburgs Süden

Am Elbe-Lübeck-Kanal bei Grambek (Tour 19)

Lauenburger Seen

Der Autor und der Verlag sind für Lesertipps und Verbesserungen (besonders per E-Mail) unter Angabe der Auflagen- und Seitennummer dankbar.

Dieses OutdoorHandbuch hat 159 Seiten mit 55 farbigen Abbildungen, 23 farbigen Kartenskizzen im Maßstab 1:25.000/50.000/75.000 und einer farbigen, ausklappbaren Übersichtskarte. Es wurde auf chlorfrei gebleichtem, FSC®-zertifiziertem Papier gedruckt, in Deutschland klimaneutral hergestellt und transportiert und wegen der größeren Strapazierfähigkeit mit PUR-Kleber gebunden.

Dieses Buch ist im Buchhandel und in Outdoor-Läden erhältlich und kann im Internet oder direkt beim Verlag bestellt werden.

OutdoorHandbuch aus der Reihe „Regional", Band 406

ISBN 978-3-86686-534-1   1. Auflage 2018

© BASISWISSEN FÜR DRAUSSEN, DER WEG IST DAS ZIEL und FERNWEHSCHMÖKER sind urheberrechtlich geschützte Reihennamen für Bücher des Conrad Stein Verlags

Text und Fotos: Tonia Körner
Karten: Manuela Dastig
Lektorat: Amrei Risse
Layout: Anna-Lena Ebner

Gesamtherstellung: gutenberg beuys feindruckerei

Dieses OutdoorHandbuch wurde konzipiert und redaktionell erstellt vom:

Conrad Stein Verlag GmbH, Kiefernstr. 6, 59514 Welver,
☎ 023 84/96 39 12, FAX 023 84/96 39 13,
✍ info@conrad-stein-verlag.de,
🖥 www.conrad-stein-verlag.de

Besuchen Sie uns bei Facebook & Instagram:

 www.facebook.com/outdoorverlag

 www.instagram.com/outdoorverlag

Titelfoto: Auf dem Weg zur Dominsel in Ratzeburg

Inhalt

Einleitung

Schon immer war die Natur im Reich der Lauenburger Seen das bestimmende Element. Einsame Moore, märchenhafte Wälder mit feuchten Senken, sanfte Hügel, königliche Alleen, liebliche Wiesen und Felder umrahmt von Knicks und natürlich die über 40 Seen begeistern unterwegs. Im Herzogtum Lauenburg zwischen Hamburg im Westen und Schaalsee im Osten und von der Elbe bis nach Lübeck an der Ostsee begegnet einem viel Wundersames.

Eine Sensation war der Fund in Groß Pampau 2016, als in der dortigen Kiesgrube versteinerte Knochen einer Ur-Robbe entdeckt wurden. Aber auch Muscheln, Schnecken und andere Teile der damaligen Meeresfauna werden seit 1984 von engagierten Hobby-Paläontologen auf dem Gelände ausgegraben. Die Tiere schwammen vor rund elf Millionen Jahren in der Ur-Nordsee, die den Landstrich vermutlich mit 50 bis 70 m tiefem Wasser bedeckte. Die weltberühmten Stücke können im Lübecker Museum für Natur und Umwelt bewundert werden.

Direkt vor Ort führen Sie die Wanderwege auf die Spuren der Eiszeit. Die mächtigen Gletscher drangen bis in die Gegend um Mölln vor und modellierten so eine von Moränen und einer Vielzahl an verschiedenartigen Seen geprägte Landschaft. Schmelzwasserströme wuschen Flusstäler aus, die sich bei Mölln und am Schaalsee wie Perlen an einer Schnur aneinanderreihen. Von den Ufern ragen die Hügelrücken steil auf. Auf den fruchtbaren Böden gedeihen fantastische Laubmischwälder mit gewaltigen Baumriesen.

Unzählige Findlinge erwiesen sich als günstiges Baumaterial für Häuser, Straßen und Steinmauern. In den feuchten Senken entwickelten sich nacheiszeitlich geheimnisvolle dunkle Moore. Im Süden, zur Elbe hin, spülten die Schmelzwasser tischebene Sanderflächen an. Die nährstoffarmen und trockeneren Böden wie der Büchener Sander sind Lebensraum für seltene Pflanzen.

Die ersten Zeugnisse der Besiedlung stammen aus der Bronze- und Eisenzeit. Hügelgräber können u. a. bei Seedorf betrachtet werden. Lange Zeit verhinderten undurchdringlicher Wald und Sümpfe weitere Niederlassungen. Richtig in Schwung kam die Geschichte erst im 12. Jh. mit Heinrich dem Löwen. Er holte im Zuge der Christianisierung Menschen aus Niedersachsen und Westfalen ins Lauenburgische. Die Rodung der Wälder begann. Zahlreiche Guts- und Herrenhäuser wurden errichtet und Adelsdynastien gegründet.

Der wirtschaftliche Aufschwung begann mit den Handelswegen, insbesondere mit der Alten Salzstraße von Süd nach Nord. Sie verlief zwischen Lüneburg und

Der Elbe-Lübeck-Kanal in Berkenthin (Tour 6)

Lübeck einmal längs durch Lauenburg. Für den florierenden Handel wurden ab dem Mittelalter künstliche Wasserstraßen angelegt. Heute ist der Elbe-Lübeck-Kanal nicht nur Wirtschaftsfaktor, sondern ebenso eine wichtige Freizeitattraktion.

Die bis dahin armen Herzöge Sachsen-Lauenburgs besserten die Kasse mit dem Verkauf und der Verpachtung von Land an die gut betuchten Lübecker Handelsleute auf. Städte wie Ratzeburg, Mölln und Lauenburg entlang der Verkehrswege profitierten vom Salzhandel. Die prächtigen Häuser in den mittelalterlichen Gassen der Altstädte zeigen noch heute ihren Reichtum.

Mit dem Niedergang des Salzhandels versank die ländliche Region ein wenig im Dämmerschlaf. In den pittoresken Dörfern mit Höfen und Scheunen aus roten Ziegeln, Fachwerk und Reetdächern ging alles seinen gemächlichen Gang. Kurz flammte vor den Weltkriegen der erste Tourismus auf, doch nach dem Zweiten Weltkrieg kam das Leben entlang des Eisernen Vorhangs zum Erliegen. Zumindest fast, denn die Natur konnte sich ungestört ausbreiten. Ungeahnte Kleinode für gefährdete Tiere und Pflanzen entstanden. Das Naturschutzprojekt „Grünes Band" entlang der vormaligen innerdeutschen Grenze verbindet heute Ost und West und deren Natur, Geschichte und Kultur. Zwischen Schleswig-Holstein und Mecklenburg-Vorpommern drücken die Flusslandschaften von Trave und Wakenitz, die Seenkette zwischen Ratzeburger See und Schaalsee sowie die Elbniederung dem Grünen Band ihren Stempel auf.

Damit das Freizeiteldorado und Naturparadies auch künftigen Generationen erhalten bleibt, teilen sich Schleswig-Holsteins ältester Naturpark Lauenburgische Seen, das Biosphärenreservat Schaalsee auf mecklenburgischer Seite und das Biosphärenreservat Flusslandschaft Elbe gemeinsam die Aufgabe, für nachhaltigen Tourismus sowie für eine mit der Natur vereinbare Land- und Forstwirtschaft zu sorgen.

Reise-Infos

Anreise

🚗　Wer aus dem Süden anreist und die fast ständig verstopfte A7 bzw. den Engpass Hamburg vermeiden möchte, sollte besser nach Lüneburg ausweichen und sich auf der B209 der Lauenburger Gegend annähern. Ansonsten erschließt die A20 im Norden bei Lübeck das Gebiet. Der Süden lässt sich gut auf der A24 von Hamburg bis Wittenburg erreichen. Mitten durch von Süd nach Nord kommen Sie gut auf der B207 voran. Diese Bundesstraße verbindet sozusagen Hamburg mit den Hauptorten Schwarzenbek, Mölln, Ratzeburg und Lübeck. Von Ost nach West erleichtert die B208 durch Ratzeburg eine Durchquerung. Günstige Mitfahrgelegenheiten finden sich im Internet u. a. bei 🖥 www.blablacar.de.

🚆　Mit dem Zug können Sie von Süden her über Hamburg nach Lübeck anreisen. Alle größeren Orte können jedoch besser auf der Trasse von Lüneburg nach Lübeck angesteuert werden. Aus dem Osten ist natürlich die Bahnstrecke Berlin–Hamburg optimal. Von Hamburg geht es in den Süden Lauenburgs auch ausgezeichnet mit der S-Bahn. Sowohl in Schwarzenbek als auch in Büchen ergibt sich guter Anschluss mit den öffentlichen Verkehrsmitteln in alle Himmelsrichtungen. 🖥 www.bahn.de.

🚌　Vom Hamburger, Lübecker und Lauenburger ZOB verkehren regelmäßig Regionalbusse zu den größeren Orten wie Schwarzenbek, Büchen, Mölln und Ratzeburg. Infos unter 🖥 www.nimmbus.de, HVV, ☎ 040/194 49, oder 🖥 www.nah.sh, ☎ 01 80/571 07 07

Unterkünfte

Verkehrsknotenpunkt der Region ist Schwarzenbek mitten im Lauenburger Land. Sowohl das Straßennetz als auch die öffentlichen Verkehrsmittel verteilen sich von hier in alle Himmelsrichtungen. Verkehrstechnisch günstig liegen auch die größeren Orte wie Büchen, Mölln oder Ratzeburg, wobei die beiden letzten Städte touristisch am besten erschlossen sind, die vielfältigste Auswahl an Unterkünften bieten und dazu sehenswerte Altstädte besitzen. Das ist ideal für kleinere Unternehmungen am Abend. Die Stadt Lauenburg an der Elbe im Süden befindet sich etwas abseits, verfügt jedoch über die gleichen Vorteile wie Mölln und Ratzeburg. Von dort ist jede Tour innerhalb einer Stunde erreichbar.

Wer auf den Trubel einer Kleinstadt verzichten möchte, sollte sich etwas in den kleineren Orten auf dem Lande suchen. Da reicht die Palette von der schnuckeligen kleinen Pension und Ferienwohnung bis zum hochherrschaftlichen Aufenthalt in einem der repräsentativen Herrenhäuser eines lauenburgischen Gutes. Bei einigen Touren finden sich ☺ Tipps für Unternehmungslustige, die vielleicht auch mal etwas Ungewöhnliches ausprobieren wollen. Etwas rustikal, aber mit der Natur auf Tuchfühlung lässt sich im Kanuland Lauenburg in einem der Kanucenter günstig nächtigen. Die besten Plätze am Wasser offerieren die zahlreichen Campingplätze an den Seen. Was gibt es Schöneres, als abends bei Sonnenuntergang am Ufer die Seele baumeln zu lassen. Oder im heißen Sommer nach der Tour ins kühle Nass zu springen.

Westlich der zwei großen Gewässer Ratzeburger See und Schaalsee erwartet Sie ein vielfältiges und ausgezeichnetes touristisches Angebot. Die östliche Seite in Mecklenburg-Vorpommern lag jahrzehntelang brach. Die Auswahl ist dort begrenzter. Dafür entschädigt der Naturbonus. Für alle gilt: Während der Ferienzeit, insbesondere an Wochenenden mit schönem Wetter, sollten Sie besser vorbuchen.

- ℹ️ www.sh-tourismus.de, ☎ 04 31/60 05 83
- ◆ www.schaalsee.de, ☎ 03 88 51/30 20
- ◆ www.schaalsee-info.de, ☎ 04 31/67 91 00
- ◆ www.elbetal-mv.de, ☎ 045 22/509 50
- ◆ www.moelln-tourismus.de, ☎ 045 42/856 88 90
- ◆ www.ratzeburg-tourismus.de, ☎ 045 41/800 08 86
- ◆ www.lauenburg-tourismus.de, www.herzogtum-lauenburg.de, ☎ 041 53/590 92 20
- ◆ www.flusslandschaft-elbe.de
- ◆ www.naturpark-lauenburgische-seen.de, ☎ 04 51/86 15 17

Verkehrsmittel

Damit Sie nicht während der Tour dauernd die Uhr im Auge behalten müssen, werden nur wenige Streckentouren vorgestellt. Die meisten Touren sind gut mit dem Bus erreichbar, da sie nahe einem größeren Ort oder einer Verkehrslinie starten. Nur mitten auf dem Land in den Dörfern verkehren mittlerweile nur noch Schulbusse, die für eine Wanderplanung nicht geeignet sind. Ein Taxi kann Abhilfe schaffen. Am besten nehmen Sie ein Auto.

Manche Touren lassen sich gut im Sommer mit einer Schiffstour kombinieren. Eine Alternative für die Wintermonate mit dem Bus ist im Text beschrieben.

Mit dem Bus fahren Sie in aller Regel günstiger als mit der Bahn. Kleinere Gruppen mit bis zu fünf Personen nehmen am besten ein Schleswig-Holstein-Ticket. Es gilt für alle Fahrten im Nahverkehr Schleswig-Holsteins für die komplette Strecke vom Start bis zum Ziel, egal ob Regional- oder Stadtverkehr. Der Preis wird nach Länge der Strecke berechnet. Mit einer Netzkarte ist das Ticket unabhängig von der Strecke und Sie können damit kreuz und quer durch das ganze Gebiet fahren. Fahrplanauskünfte erhalten Sie, wenn nichts anderes angegeben ist, bei den Touristeninformationen oder unter 🖳 www.nah.sh, ☎ 01 80/571 07 07.

Wanderinfrastruktur

Auf schleswig-holsteinischer Seite konzentrieren sich die markierten Wanderwege rund um die größeren Orte Ratzeburg, Mölln und Lauenburg. Dazu gibt es rund um den Schaalsee ein gutes Wanderwegenetz. Viele Touren lassen sich je nach Belieben erweitern, verkürzen und miteinander kombinieren. Von Süd nach Nord durchziehen der Elbe-Lübeck-Kanal und die Wege der Alten Salzstraße das Herzogtum. Sie können als Mehrtagestouren oder auch in kleineren Teilstücken erwandert werden.

Die Ausschilderung der Wanderwege ist gut. Nur selten fehlt eine Markierung. Das ist im Text extra erwähnt. Ist ansonsten kein Zeichen oder Wegweiser zu entdecken, so ist kein Richtungs- oder Wegewechsel vorgesehen. Sie wandern dann einfach geradeaus weiter bzw. bleiben auf dem Weg, den Sie bisher verfolgt haben.

Im Herzogtum Lauenburg verwirrt eher das vielfarbig markierte Wegenetz mit teilweise fantasievollen Zeichen. Manchmal haben alle Wege das gleiche Symbol, dann helfen Übersichtskarten und Wegweiser an größeren Verzweigungen. Andernorts wechselt das Symbol während der Tour mehrmals. Als gute Unterstützung erweisen sich oft die weißen Radwegweiser mit grüner Schrift. Einige Touren verlaufen streckenweise auf dem europäischen Fernwanderweg E1/E6/E9, der hervorragend mit einem weißen X gekennzeichnet ist.

Auf mecklenburgischem Territorium wurde die Ausweisung der Wanderwege einheitlich gestaltet. Die grünen Holzschilder mit weißer Schrift wurden allerdings abseits des Ratzeburger Sees und des Schaalsees nicht lückenlos aufgestellt. Eine gute Karte empfiehlt sich.

In den Wegbeschreibungen werden öfters als Landschafts- und Wegemerkmal die Bezeichnung „Knicks" und „Redder" verwendet. Eine genauere Erläuterung finden Sie bei ☞ Tour 13, Techiner Heckenlandschaft.

An Bänken, Mülleimern und Parkplätzen mangelt es auf den Touren selten. Rastplätze und Schutzhütten sind da schon wesentlich rarer gesät. Zur Freude der Wissbegierigen liefern häufig Informationstafeln viel Interessantes und Unterhaltsames zu Besonderheiten am Wegesrand. Einige interessante Tipps zu den Städten Mölln und Lauenburg finden Sie auf der Website des Verlages (⌨ www.conrad-stein-verlag.de).

In den Feuchtbiotopen, die es vielerorts gibt, muss auf den Feld- und Waldwegen mit matschigen Passagen und stellenweise nach Forst- und Landarbeiten mit tiefen Furchen und aufgewühltem Boden gerechnet werden. Wenn der Himmel seine Schleusen öffnet, können die Wege streckenweise sehr aufgeweicht sein. Riesige Pfützen und Schlammpfuhle fördern den Hindernislauf. Schlammerprobtes Schuhwerk schadet dann nicht. Dazu fühlen sich Mücken in dem feuchten Ambiente äußerst wohl. Packen Sie ausreichend Mückenmittel ein.

Während eines Sturmes ist es lebensgefährlich, die Wälder zu betreten. Die völlig sich selbst überlassenen Bereiche in den Kernzonen der Naturschutzgebiete sind sowieso für den Wanderer gesperrt. Obwohl die Bäume entlang der markierten Wege auch in den naturnahen Arealen regelmäßig gepflegt werden, hagelt es während eines Sturmes massenhaft Äste. Der eine oder andere Baum stürzt dazu um. Wanderer mit Buggy sollten ein paar Tage danach warten, bis die Wege einigermaßen freigeräumt sind.

Wandern mit Hund bereitet keine Probleme, allerdings sind die Auslaufmöglichkeiten im Naturpark Lauenburgische See bzw. im Biosphärenreservat Schaalsee ziemlich eingeschränkt. Denken Sie an das Wild und die Wasservögel und leinen Sie Ihren Hund an. Aufgrund des Jagdgesetzes besteht in den Wäldern sowieso eine generelle Leinenpflicht. Bei Missachtung droht eine Geldstrafe (€ 35). Dank des Wasserreichtums können Hunde auf vielen Touren ausreichend trinken und sich an heißen Tagen abkühlen.

Fast immer kann ein Einkehrschwung eingeplant werden. Zumindest am Anfang der Tour oder einmal unterwegs ist ein Stopp bei einer Gastronomie möglich. Verlassen Sie sich hingegen nicht darauf, dass ein auf Karten eingezeichnetes Lokal noch offen ist. Das Dorfkneipensterben ist noch nicht beendet. Einige machen nur noch Pensionsbetrieb. In der ländlich geprägten Region wird häufig auf die regionalen Erzeuger gesetzt. So ändert sich die Speisekarte mit dem Wechsel der Jahreszeiten. Es wird eher deftig gekocht, mit viel Wild und Fisch, aber selten werden Sie enttäuscht. Öfters kann das Mahl aussichtsreich am See, im historischen Ambiente oder im Garten genossen werden. Und nicht zu vergessen die vielen leckeren Kuchen und Torten!

Geführte Touren

In einigen Naturschutzgebieten werden Führungen vom NABU Schleswig-Holstein vorgenommen, die Sie unter 🖥 www.schleswig-holstein.nabu.de, ☎ 043 21/537 34 erfragen können. Außerdem werden Touren mit sachkundigem Führer von den Biosphärenreservaten und den Naturparks (ℹ 🖝 Unterkünfte oder bei den Touren) angeboten. Die Interessengemeinschaft „Wanderbares Schleswig-Holstein" hat ebenfalls Touren in der Gegend im Programm (Infos bei Gerlind Lind, ☎ 043 40/86 57, 🖥 www.wanderbares-schleswig-holstein.de).

Karten und GPS

Zur Orientierung reichen die Wander- und Freizeitkarten des Schleswig-Holsteinischen Landesvermessungsamtes im Maßstab 1:50.000, € 5,90. Nr. 11 Lübeck/Neustadt benötigen Sie nur für Tour 1 entlang der Wakenitz. Ansonsten erfasst Nr. 12 Ratzeburg/Lauenburg beinahe sämtliche Touren. Für die Region inklusive der Randgebiete empfiehlt sich die Kompass-Karte Nr. 722 Herzogtum Lauenburg/Sachsenwald/Elbe 1:50.000, € 9,99. Sie ist laminiert, reiß-, wetter- und knickfest und offeriert zusätzliche touristische Informationen.

Ein GPS-Gerät ist nicht nötig, erleichtert aber die Orientierung. Sie können für das Tourengebiet dazu die detaillierten Karten bei OpenStreetMap nutzen (🖥 www.openstreetmap.de). Sie produzieren die detailgetreuesten Karten. Mittlerweile ist ein internetfähiges Mobiltelefon ebenso gang und gäbe. Beachten Sie dabei aber bitte, dass ein Akku nicht unbedingt bis zum Ende der Tour hält. Die GPS-Tracks zu den beschriebenen Wegen können Sie von der Internetseite des Verlags (🖥 www.conrad-stein-verlag.de) herunterladen.

Trotz der durch die Eiszeit geformten hügeligen Moränenlandschaft in großen Bereichen betragen die Höhenunterschiede oft nicht mehr als 20 m. Daher entfallen die Höhenprofile.

Spezialisiert auf Landkarten und Reiseführer für den Norden ist die Geobuchhandlung in Kiel.

♦   Geobuchhandlung Kiel, Schülperbaum 9, 24103 Kiel, ☎ 04 31/910 02,
      🖥 www.geobuchhandlung.de

Updates

Der Conrad Stein Verlag veröffentlicht Updates zu diesem Wanderführer, die direkt von der Autorin oder von Lesern des Buches stammen. Die Updates finden Sie auf der Internetseite des Verlags (🖥 www.conrad-stein-verlag.de), wenn Sie dort diesen Buchtitel aufrufen. Der rechts abgebildete QR-Code führt Sie direkt zur richtigen Seite.

Rund um Ratzeburg

Der Mechower See ist ein Paradies für Wasser- und Zugvögel (Tour 5)

❶ Wakenitz: Der Drägerweg

    ✕ ⼊ WC 🚏 🚊 ⌘ 🚢 ⛵ ☺ ▮

Tour für Natur- und Wasserliebhaber   🚶🚶 👶👶👶 🐕🐕

Das Flussgebiet der Wakenitz kann auf dem Drägerweg von Lübeck nach Rothenhusen am Ratzeburger See erwandert werden. Während im Norden im Lübecker Stadtgebiet die liebliche Wasserlandschaft von Haus- und Kleingärten gesäumt wird, dringen Sie im Süden in der Wakenitzniederung bis in eine urwüchsige Wald- und Sumpflandschaft vor. Das Highlight: Auf dem Rückweg erleben Sie die Wakenitz von der Wasserseite noch einmal. Entweder genießen Sie sie ganz in Ruhe vom Schiff aus oder Sie gehen mit der einmaligen Naturlandschaft vom Kanu aus auf Tuchfühlung.

→   Start: Schiffsanleger Quandt, Moltkebrücke, Lübeck, GPS N 53°51.755'
      E 010°42.180'; Ziel: Fähranleger Quandt, Rothenhusen, GPS N 53°46.832'
      E 010°45.981'

↻   18,5 km

⧗   4 Std. 30 Min

↑↓   74 m/63 m

⇧   0-37 m

✎   weißes X für Fernwanderweg E1, E6 und E9, Holzschilder Drägerweg, Radwegweiser, Infotafeln, gut ausgeschildert

🚰   Bis auf wenige kurze Asphaltstücke in den Siedlungsgebieten schonen ausgezeichnete sandige Ufer-, Wald- und Feldwege entlang des Flusses Wakenitz die Kniegelenke. An heißen Sommertagen können ein Sonnenschutz und ein paar Getränke mehr nicht schaden.

✕   Kiosk Moltkebrücke nahe dem Start, Stadtteil Eichholz (km 3,6), Müggenbusch (km 9,5), Absalonshorst (km 11,7), am Ziel in Rothenhusen

⼊   im Lübecker Stadtgebiet am Flussufer regelmäßig Bänke, in der Wakenitzniederung ab km 6,7 Sitzgelegenheiten nur am Schiffsanleger Müggenbusch (km 9,5), Schiffsanleger Absalonshorst (km 11,7), vor Groß Grönau (km 13,7) am Nandugehege, Rastplatz am Ziel

WC   beim Kiosk Moltkebrücke nahe dem Start

🚊   Naturbad Kleiner See (km 5,5). Baden ist zwar an der Wakenitz nur an den offiziellen Badeplätzen erlaubt, aber viele nutzen auch die eine oder andere Bademöglichkeit im Lübecker Stadtgebiet (u. a. km 3,4). ☺ Historisches Naturbad Falkenwiese,

650 m nördlich vom Start am Westufer der Wakenitz, im Sommer mit vielfältigem Kulturprogramm

Spielplätze an der Moltkebrücke, im Naturbad und in Rothenhusen, Bolzplatz im Stadtteil Eichholz, Streichelzoo Müggenbusch, Bootfahren, Schiffstour, kurze Strecken auf verkehrsarmen Land- und Stadtstraßen, meistens Bürgersteig vorhanden, der stärker befahrene Rothenhusener Weg ist zu kreuzen, an der Zufahrt nach Rothenhusen ist für 300 m mit Verkehr zu rechnen. Die Strecke ist für kleinere Kinder zwischen den Schiffsanlegern verkürzbar, z. B. Rothenhusen–Absalonshorst (6,8 km) oder Müggenbusch–Absalonshorst (2,3 km). ☺ Drägerpark 500 m nördlich des Startpunktes auf dem Ostufer (Naherholungspark mit Spielplatz, Wasserspielanlage für Kinder und Freibad)

Der Weg ist mit Buggys problemlos machbar.

Längere Strecken in der Wakenitzniederung sind ohne Flusskontakt, etwas Trinkwasser mitnehmen, einige Mülleimer, größtenteils sandige Wege, Leinenpflicht im Naturschutzgebiet ab km 2,7, vor und nach Groß Grönau außerhalb des Naturschutzgebietes auf den Feldwegen Auslaufmöglichkeit. Der Drägerweg ist leider an schönen Tagen – insbesondere am Wochenende – stärker von Radlern frequentiert.

Start: Schiffsanleger am Start und Moltkebrücke, Ziel: Parkplatz Fährhaus Rothenhusen am Rothenhusener Weg, 750 m vom Schiffsanleger, GPS N 53°47.124' E 010°45.708'

In Lübeck verkehrt der Stadtbus Linie 5 vom Bahnhof täglich mehrmals in der Stunde zur Moltkestraße. Von der Haltestelle bis zum Fähranleger sind es 300 m zu Fuß. Von Rothenhusen zurück nach Lübeck bieten sich drei Haltestellen der Linie 8710 (☞ Tour 2) an, wodurch sich die Tour entweder verlängert oder abkürzen lässt. Am schönsten ist die Strecke entlang des Westufers des Ratzeburger Sees zum Schanzenberg (☞ Tour 2). Oben an der Hauptstraße nach 1,6 km befindet sich der Busstopp. Oder Sie gehen wieder zurück bis zum Parkplatz des Fährhauses und weiter bis zur Hauptstraße. Nach rechts treffen Sie nach 1,5 km an der Kreuzung auf die Haltestelle Tüschenbek. Sie können die Tour aber auch schon früher beim Ziegelhorst beenden (km 16,7). Dann sind es noch 600 m bis Tüschenbek. Oder Sie beenden die Wanderung in Groß Grönau (km 14,5). Bis zur Bushaltestelle Sonnenberg im Zentrum beträgt die Entfernung 650 m.

Wakenitz-Schifffahrt Quandt, Wakenitzufer 1 c, 23564 Lübeck, ☎ 04 51/79 38 85, 🖳 www.wakenitz-schifffahrt-quandt.de, 🕒 Ostern und Mitte April bis Ende April Mi, Do, Sa/So ab Lübeck 14:00/ab Rothenhusen 15:55, Ende April bis Anfang Mai zusätzlich ab Lübeck 10:00/ab Rothenhusen 11:55, Anfang Mai bis Mitte Sept. Di, Mi, Do, Sa/So ab Lübeck 10:00, 12:00 und 14:00 (Fr nur 12:00), ab Rothenhusen 11:55,

13:55 und 15:55 (Fr nur 13:55), Mitte Sept. bis 3.10. Di, Mi, Do, Sa/So ab Lübeck 10:00 und 14:00, ab Rothenhusen 11:55 und 15:55, bis Mitte Nov. nur Mi, Do, Sa/So ab Lübeck 14:00/ab Rothenhusen 15:55, Zwischenstopps in Müggenbusch und Absalonshorst, Fahrtzeit Lübeck–Rothenhusen 1 Std. 45 Min., einfache Fahrt Lübeck–Rothenhusen Erw. € 12,50, Kind 4-14 J. € 6,50, kein Radtransport, Hund kostenlos (darf nicht nass sein), Kinderwagenmitnahme solange Platz ist.

Sie können auch mit dem Schiff von Rothenhusen nach Ratzeburg (auch Radtransport) und von dort im Anschluss mit Bus und Zug zurück nach Lübeck fahren (☞ Tour 2).

☺   Die 14 km lange Wakenitz ist auch für Paddelneulinge ein Vergnügen. Wegen der geringen Strömung kann sie problemlos in beide Richtungen befahren werden. Die Kanu Zentrale organisiert auch Kombitouren mit dem Rad. Von Rothenhusen wandern Sie dann ohne Zeitdruck wieder zurück.

Kanu Zentrale Lübeck, Geniner Str. 2, 23560 Lübeck, ☏ 01 72/544 05 53, 💻 www.kanu-zentrale.de, 📅 15.3-30.09., Einsatzstelle 1,4 km nördlich vom Schiffsanleger beim Naturbad Falkenwiese

Die Wakenitz nahe der Altstadt Lübecks

Bootsvermietung Hübner, Augustenstr. 30 Z, 23564 Lübeck, ☎ 01 60/551 74 36, 🖥 www.bootsvermietung-luebeck.de, 🗓 Ende April bis Mitte Sept. Mo-Fr 13:00-19:00, Sa, So, feiertags und Schulferien 10:00-19:00, beim Schiffsanleger Moltkebrücke

☺   Der 🚢 **Schiffsanleger** der Personenschifffahrt Quandt befindet sich südlich der Moltkebrücke am Westufer der Wakenitz. Ob Sie nun zuerst das Schiff nehmen oder gleich zu Fuß losstürmen, hängt einmal von den Fahrtzeiten ab. Bei Abfahrt am Nachmittag empfiehlt es sich, mit der Wanderung am Morgen anzufangen und die Rückfahrt über das Wasser anzutreten. Möchten Sie lieber ohne Blick auf die Uhr laufen, dann kann an verschiedenen Tagen die Runde vormittags per Schiff gestartet werden.

Wakenitz

Der Name Wakenitz stammt aus dem Slawischen und bedeutet „Barsch-Fluss". Aber nicht nur Barsche tragen zum Fischreichtum des Wasserlaufes bei, sondern auch Hecht, Zander, Karpfen, Rotaugen, Rotfeder, Brasse und vor allem Wels und Aal können geangelt werden. Die Wasserqualität ist seit jeher hoch. So verfielen die Lübecker bereits früh auf die Idee, das Naturkapital zu nutzen.

Im Mittelalter wurde die Wakenitz aufgestaut, um Lübeck mit Trinkwasser zu versorgen. Dämme verschlossen den Zufluss in die Trave südlich der Stadt. Außerdem konnten so mehrere Wassermühlen durch das künstliche Gefälle betrieben werden. Im Lübecker Stadtgebiet weitete sich daraufhin der Wasserlauf und Seen bildeten sich. Damit Lübeck zukünftig den alleinigen Zugriff hatte, kaufte die Stadt den Fluss mit all seinen Überschwemmungsgebieten und Fischereirechten Ende des 13. Jh. dem Herzog von Sachsen für umgerechnet 6 Millionen Euro ab.

Für den Bau des Elbe-Lübeck-Kanals wurde ein Teil des Flussbettes der Wakenitz im Bereich der Altstadtinsel genutzt. Damit der Wasserstand konstant bleibt, wurde ein weiterer Damm – der Falkendamm – gebaut. Dort beginnt die Wakenitz jetzt. Bis 1972 versorgte der Fluss Lübeck mit Trinkwasser.

Auf der Ostseite der **Moltkebrücke** schickt Sie der Holzwegweiser „Drägerweg" nach rechts in die Elsässer Straße. Sie führt nach Süden durch das ruhige Wohnviertel im Stadtteil Marli. Nach 650 m biegen Sie nach rechts zur **Wakenitz** ab. Im Lübecker Stadtgebiet sind die Flussseiten noch recht weit voneinander entfernt. Bis zu 200 m beträgt an manchen Stellen der Abstand. Der nach dem

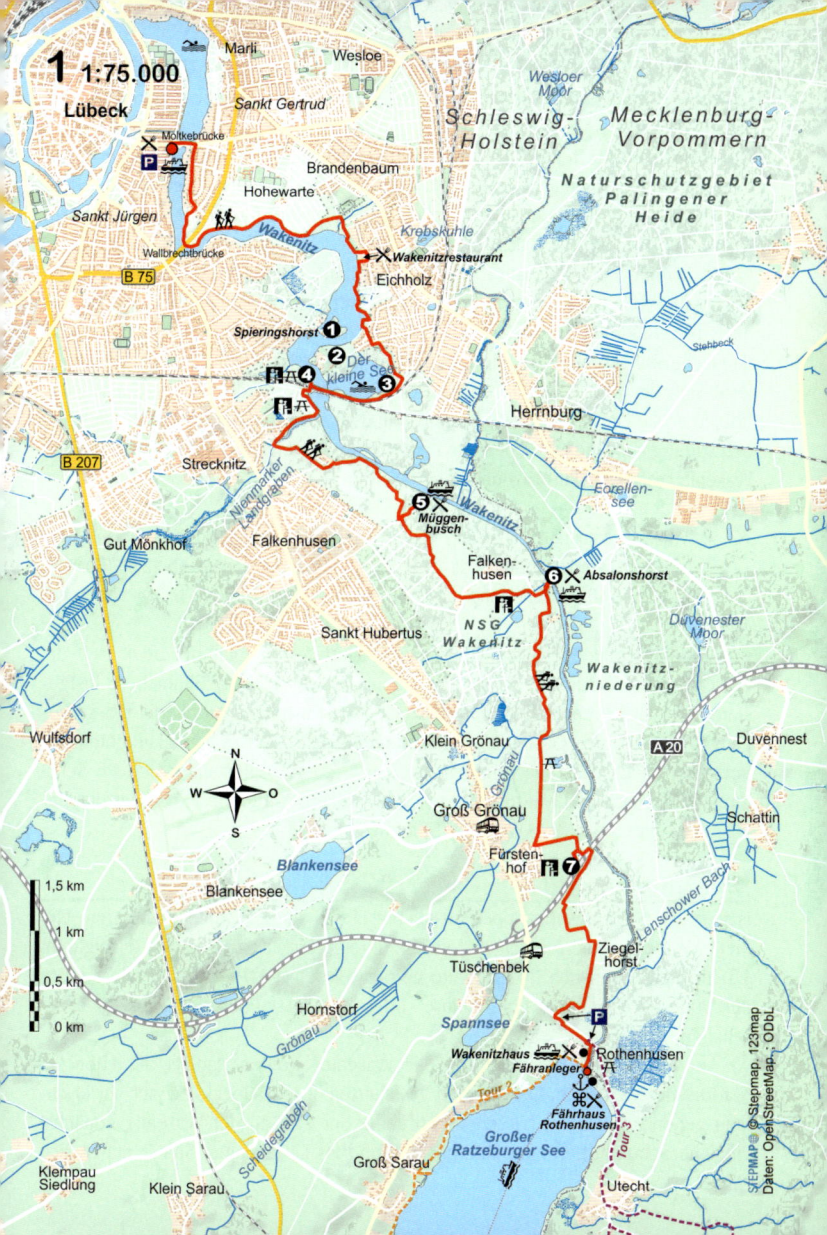

Lübecker Fabrikanten benannte Drägerweg folgt den sanften Uferwindungen nach Süden.

Linker Hand wetteifern die Kleingärten miteinander, oft mit farbenfroher Blumenpracht. Im Sommer schmückt sich der Fluss mit gelben Teich- und weißen Seerosen. Hin und wieder unterbrechen die Stege und Klubhäuser der Lübecker Segel- und Rudervereine das Naturidyll. Im dichten Uferbewuchs öffnet sich der grüne Vorhang ständig aufs Neue und erlaubt in den verträumten Buchten 🏠 wundervolle Flussblicke. Bei der **Wallbrechtbrücke** (km 1,3) ändert die Wakenitz ihre Richtung nach Osten. Am Ostende des großen Kleingartenareals (km 2,7) überschreiten Sie die Grenze des Naturschutzgebietes. Ein wenig entfernt sich der Drägerweg in der nächsten Flusskurve nach Süden vom Wasser. Sobald er die Uferkante erneut berührt (km 3,4), können Sie über die grobe Uferbefestigung aus Findlingen bequem ins 〰 Nasse steigen. Kurz danach muss das **Wakenitzrestaurant** (km 3,6) umgangen werden.

✕   Wakenitzrestaurant, Schäferstr. 16, 23564 Lübeck, ☎ 04 51/60 36 34,
           💻 www.wakenitzrestaurant.de, 🕐 Di-Sa ab 16:30, So/feiertags ab 12:00, Sommer
           Mo-Sa ab 16:00, So/feiertags ab 12:00, Kinderstuhl ja, Wickeltisch nein

Auf der Höhe der Villen, Häuser und Gärten von Eichholz beult sich die Wakenitz aus. An flacheren Stellen haben sich aus kleinen Bäumchen, festgeklemmtem Gestrüpp und Wasserpflanzen kleine Rastplätze für allerlei Wasservögel gebildet. Zu den Gästen zählen auch Graugänse, Gänsesäger, Haubentaucher und Graureiher. Schwäne gründeln im Fluss. Zum Greifen nahe sitzt im Schilf direkt am Wegesrand Mutter Ente mit ihren Küken. Mitten im Fluss liegt die einzige bewohnte Insel der Wakenitz, **Spieringshorst** ❶.

Spieringshorst

Früher war Spieringshorst noch als Halbinsel mit dem Westufer verbunden. Um mehr Wasser für die Mühlen und die Brauerei in Lübeck zu erhalten, erfolgte im 13. Jh. der Durchstich. Noch heute müssen die etwa 10 Bewohner alle Vorräte per Ruderboot, kleiner „Pontonfähre" oder im Winter übers Eis selbst hinüberschaffen.

An dem hohen Fischreichtum der Wakenitz wollten damals die Lübecker Stadtfischer verdienen. Um vor den gesicherten Toren Lübecks besser auf Fischfang gehen zu können, bauten sie im Laufe der Zeit an der Wakenitz zunächst einfache Schutzhütten zum Übernachten und als Gerätelager. Später ließen sich dann einige Fischer fest am Ufer nieder. Die sogenannten Buden oder Horste entstanden. Sie wurden häufig nach ihren Bewohnern oder der Tätigkeit (z. B. Fischerbuden) benannt. Für das Wohnrecht bezahlten die Fischer anfangs an den Rat der Stadt Lübeck eine Naturalabgabe – das „Rauchhuhn". Es war nämlich festgelegt: „Von jedem Haus, da Rauch ausgeht, ist ein Huhn abzugeben." Später wurde eine Geldzahlung vereinbart. Der letzte Fischer auf der Insel starb 2001.

Blick auf den Kaninchenberg am Kleinen See

Die sandige Halbinsel **Kaninchenberg** ❷ (km 4,6) befindet sich in Privatbesitz und ist nicht zugänglich. Sie müssen die Landbrücke am Siedlungsrand queren. Von der anschließenden kreisrunden Bucht **Kleiner See** ist zunächst nichts zu sehen, da diese ein Waldring umgibt. Bei den **Bahnschienen** (km 5,5) (nicht kreuzen) sind es noch einmal 30 m bis zum Abzweig **Naturbad Kleiner See** ❸. Es blickt auf 40 Jahre Schwimmtradition zurück. Wegen der geringen Strömung ist das Baden in der Wakenitz gefahrlos.

Naturbad Kleiner See, Lübeck-Eichholz, ☐ 15.5.-15.9. Mo-So 10:00-19:30, Tageskarte Erw. € 9, Kind € 1, Spielplatz, ✕ Imbisswagen mit Getränken und Eis

Entlang der Bahnschienen kommen Sie zu einem 🛈 **Aussichtspunkt** ❹ (km 6,7) mit Bank. Von dem Logenplatz genießen Sie einen grandiosen Rundumblick. Vor Ihrer Nase drehen die Boote flussaufwärts auf der Wakenitz ab. Gegenüber auf dem Kaninchenberg erstrahlt das weiße, 1890 erbaute Herrenhaus inmitten der prächtigen Gutsanlage in der Sonne. Rechter Hand lässt der enge Durchlass zum Kleinen See tief blicken. Der Bahndamm wird an dieser Stelle durch einen schmalen Kanal unterbrochen. Wakenitz, Ausflugsboote und Drägerweg quetschen sich durch die Bahnunterführung hindurch. Während die Boote nach Süden auf dem Wasser weiterziehen, wechseln Sie über eine **Brücke** auf die andere Flussseite (km 6,6).

☺   Am Fuß der Brücke auf der Ostseite empfiehlt sich eine kleine Liegewiese als Picknick- und 🏊 Badeplatz.

100 m weiter heftet sich der Drägerweg in der Kleingartenkolonie wieder direkt an die Wasserkante. Dort wartet ebenfalls ein lauschiges Plätzchen mit 🪑 Bank und 🛈 Ausblick auf die Kanaleinfahrt unter der Brücke. Beim Zufluss des **Nienmarker Landgrabens** (km 6,9) gibt es keine **Brücke** (km 7,5). Erst ein gutes Stück stromaufwärts können Sie diesen Wasserlauf überqueren. Hier im südlichen Teil der Wakenitz kehrt der Drägerweg nur selten ans Wasser zurück. Sie streifen durch Wald, Alleen und Wiesen am **Kinder- und Jugendheim Wakenitzhof** (km 8) vorbei. Ein Vorgänger der Organisation kaufte 1844 die vormaligen dritten Fischerbuden, um schwer erziehbaren Kindern ein Heim zu geben.

Sie kommen kurz an den Fluss (km 8,4) und erreichen die Zufahrtsstraße (km 9,3) zum **Müggenbusch** ❺ (km 9,5). Das ehemalige Fischereigehöft hat seinen Platz mitten im Flussauwald. Das freundlich wirkende Backsteinhaus ist innen stilvoll mit viel Liebe zum Detail mit antiken Möbeln eingerichtet.

✕   Der Müggenbusch, Müggebuschweg 10, 23562 Lübeck, ☎ 04 51/50 19 99, 💻 www.restaurant-mueggenbusch.de, 🕐 Di-So ab 11:30, warme Küche 11:30-14:30 und 17:30-21:30, Wickeltisch und Kinderstuhl vorhanden, im Sommer Grillimbiss beim Anleger, Streichelzoo, Flussterrasse

FUN   Waldsauna Müggenbusch, Müggenbuschweg 8, 23562 Lübeck, ☎ 04 51/50 10 05, 💻 www.waldsauna-mueggenbusch.de, 🕐 1.10.-30.4. Di, Mi und Fr 13:00-21:30, Do 13:00-20:00, Sa 12:00-19:00, So 10:00-19:00, 50 m von der Gaststätte

⛴   Schiffsanleger Müggenbusch, Personenschifffahrt Quandt

Zurück auf dem Drägerweg schlängelt sich dieser erneut durch Wald, Wiesen und Äcker. Nachdem Sie eine einsame Landstraße (km 10,7) gekreuzt haben, überschreiten Sie südlich eines Bauernhofes eine flache Hügelkuppe. Ein Findling markiert den 🏞 **Aussichtspunkt** (km 11,2) über die Kulturlandschaft. Drei Kurven weiter ist das malerische, reetgedeckte **Landhaus Absalonshorst** ❺ (km 11,7) zu sehen.

Absalonshorst

Ein Balken im Haus mit der Jahreszahl 1669 bezeugt wohl den Beginn des Horstes als fester Wohnsitz. Namensgeber war der Fischer Hans Absalom Kempe, der ab 1729 seine Pacht dafür entrichtete. Allerdings ist er der Einzige, der seine einmalige Bodenheuer in Höhe von 20 Lübsche Mark nicht an Lübeck, sondern an das Armen- und Siechenhaus zu Klein Grönau zahlte. 1820 wurde die Fischerbude vom Zimmermann Clasohm vergrößert. Auf einer Tafel an der Hauswand ist dies nachzulesen.

Anfang des 19. Jh. wurde mit dem Betrieb der „Schweinefähre" etwas Geld dazuverdient. Passanten und Handelsware wurden zum Stoffershorst auf der anderen Uferseite übergesetzt. Als die Fischerei nicht mehr zur Ernährung der Familie reichte, briet die Frau von Johannes Weidemann ab 1944 Bratkartoffeln mit Fisch für Gäste. Der Fischer hatte vorausschauend schon 1942 eine Zufahrtsstraße zum Horst beantragt, damit dieser auch von Land aus zugänglich wurde. Jedoch erst nach Ende des Zweiten Weltkrieges begann das Geschäft Früchte zu tragen. Stoffershorst, das schon länger eine Gastwirtschaft war, lag nun in der sowjetischen Zone und wurde zur Grenzsicherung geschlossen. Gegessen wurde nun auf der Westseite.

✕   Landhaus Absalonshorst, Absalonshorster Weg 100, 23562 Lübeck/Groß Grönau, ☎ 045 09/790 90, 💻 www.absalonshorst.de, 🕓 1.4.-31.10. Mi-So 11:30-21:00, 1.11.-31.3. Fr-So 11:30 bis 17:00, warme Küche bis 16:00, Wickeltisch nein, Kinderstuhl ja

🚢   Schiffsanleger Absalonshorst, Personenschifffahrt Quandt

Zunächst am Waldrand entlang, dann im Nadelwald setzen Sie Ihren Weg fort. Der Abzweig nach links zum Habershorst wird ignoriert. An einer dreieckigen Verzweigung (km 12,4) halten Sie sich links. Während Sie immer geradeaus wandern, geht der Nadelwald in Flussnähe schließlich in Erlenbruchwald über.

Wakenitzniederung

In der urwüchsigen Wald- und Sumpflandschaft quaken Amphibien um die Wette. Rotbauchunke, Kammmolch, Knoblauchkröte und Moorfrosch bewohnen die Feuchtgebiete. Rotmilan, Sumpfohreule und Eisvogel konnten entlang der südlichen Wakenitz gesichtet werden. Eine Ringelnatter kann sich schon mal auf einem Ast in der Sonne aalen.

Dieser Abschnitt wird auch als „langer Jammer" bezeichnet. Das Aufkreuzen der Handelssegelschiffe auf dem schmalen Wasserarm war früher sehr mühsam und auf dem unzugänglichen Ufer konnte nicht getreidelt werden. Daran scheiterte schon Heinrich der Löwe. Als Konkurrenz zu Lübeck gründete er 1157 die Löwenstadt. Sie soll irgendwo auf dem Ostufer bei Herrnburg gelegen haben. Die urwaldartige Umgebung eignete sich aber nicht für eine Kaufmannssiedlung und das Projekt wurde wieder aufgegeben.

Diese einmalige Naturlandschaft in der Wakenitzniederung verdankt ihr Überleben der innerdeutschen Grenze. Zwischen Müggenbusch und Rothenhusen folgte der Grenzverlauf der Wakenitz. Das Ostufer war DDR-Zone. Im Sperrgebiet konnte sich die Natur ungestört entfalten. Die Wakenitz wird deswegen als „Amazonas des Nordens" bezeichnet.

Lupinen blühen am Weg nach Groß Grönau

An der Brücke über den Fluss **Grönau** (km 13,4) färben Massen an Sumpf-Schwertlilien die Ufer zur Blütezeit gelb. An Nandugehegen vorbei (☞ Tour 3) erwartet Sie eine kleine Steigung zur Straße (km 13,7) nach **Groß Grönau** (km 14,5). Hohe Hecken aus weiß blühenden Busch-Rosen flankieren Ihren Weg geradeaus bis zum Ortsrand. Weiter in den Ort hinein befindet sich eine 🚌 Bus-haltestelle. Über landwirtschaftliche Nutzwege leitet Sie der Drägerweg zum östlich gelegenen **Aussichtspunkt ❼** (km 15) über Groß Grönau. Nahebei ist die Unterführung der A20 an der Wakenitz.

✍ Richtung Rothenhusen führt der ausgeschilderte Weg nun um ein Wald-stück herum. Sie können aber auch den ersten Abzweig nach links nehmen und durch den Wald immer geradeaus abkürzen.

Am T-Kreuz südlich des Waldstückes ist ein weiterer Ausstieg nach rechts zum 🚌 Bus am Tüschenbek möglich. Richtung Rothenhusen zweigt wenige Schritte weiter ein Feldweg vor dem **Ziegelhorst ❼** (km 16,7) nach rechts ab. Der Name trügt. Er war nie Fischersitz, sondern hier wurde ehemals – von 1640 bis 1720 – eine Ziegelei betrieben. Danach wurde sie in einen Bauernhof umgewandelt. Der Biolandhof wird heute von geistig Behinderten bewirtschaftet.

Am **Waldparkplatz** (km 17,8) stoßen Sie auf den Rothenhusener Weg. Richtung Ratzeburg laufen Sie bis zur **Wakenitzbrücke** (km 18,2). Davor bringt Sie die san-dige Fahrstraße zum Ufer hinab und nach 150 m am **Wakenitzhaus** vorbei. Vom Wakenitzhaus startet jährlich Ende August der „WakenitzMan". Beim 14-km-Lang-streckenschwimmen von Rothenhusen bis Lübeck fiebern entlang der Wakenitz zahl-lose Zuschauer mit. Beim Dauerkraulen im Barschrevier wühlen an die 200 Sportler die sonst so stillen Gewässer auf. (Infos unter 🖥 www.tri-sport-luebeck.de)

🛶 Wakenitzhaus, Kanu-Center, Rothenhuser Weg 2, 23627 Groß Sarau, ☎ 045 01/412, 🖥 www.kanu-center.de/wakenitzhaus, 🕙 Mai-Okt. Di-So ab 10:00, Nov.-April auf Anfrage, Leinenpflicht für Hunde

🚲 Radverleih Wakenitzhaus, ab 3 Std. € 6/E-Bike € 10

✗ Bistro im Wakenitzhaus, 🕙 Mitte April bis Mitte Okt. Di-So 10:00-18:00

🛏 findige Übernachtungsmöglichkeiten im kuscheligen Bauwagen oder modernen Zelt-hotel

In Sichtweite taucht vor Ihnen Ihr Ziel, die Insel mit dem **Fährhaus Rothenhu-sen** (☞ Tour 2), auf. Dahinter erstreckt sich die Weite des Ratzeburger Sees.

❷ Ratzeburger See: Westufer

         ✗ ⍭ WC 🚰 ≈ 🗊 ⌘ 🚢 🎏

Tour für Familien und Seefreunde   👪👪👪   🐎🐎🐎 🐕🐕

Die abwechslungsreiche Streckenwanderung entlang des Westufers des Ratzeburger Sees durchstreift die drei Gemeinden Groß Sarau, Pogeez und Buchholz. Kleine Dörfer mit so mancher Reetdachkate, idyllische Badeplätze, Ruderklubs und Stege mit Aussicht laden zum Verweilen ein. Im landwirtschaftlich stärker geprägten Norden schwingen sich Wiesen und Weiden hinab bis an den Schilfgürtel und die Erlenbruchwälder. Im Mai leuchtet der gelbe Raps. Auf den höheren Endmoränenhügeln im Süden wachsen herrliche Buchenwälder. Und das Beste: Die phänomenale Schiffstour von Ratzeburg zum Start nach Rothenhusen, mit der Sie den Wandertag am besten beginnen, ist ein Ereignis für sich.

→   Start: Fähranleger Rothenhusen, Rothenhusener Weg, Groß Sarau, GPS N 53°46.847' E 010°45.964'; Ziel: Fähranleger Schlosswiese, B208, Ratzeburg, GPS N 53°41.983' E 010°45.840'

⟳   14 km

⧗   3 Std. 30 Min.

↑↓   36 m/68 m

⇧   0-80 m

✎   Holzwegweiser, blaues und weißes X, Infoschilder

🚰   Während bis Buchholz die sandigen Uferwege den See flach am Fuße der umgebenden Moränen umkränzen, treiben einem dann im hügeligen Buchenwald ein paar steilere Anstiege den Schweiß auf die Stirn.

✗   Rothenhusen, Groß Sarau (km 2,6), Pogeez (km 5), Buchholz (km 6,6, km 6,9) und mehrere Einkehrmöglichkeiten in Ratzeburg, ☺ Eispavillon Pelz und Fischerei

⍭   Anfangs sind Bänke noch rar gesät, je näher Ratzeburg rückt, desto kürzer werden die Abstände. In Rothenhusen am Start gibt es einen überdachten Rastplatz.

WC   Badeplatz Groß Sarau (km 2,8), Badeplatz Pogeez (kostenpflichtig, km 5), Fähranleger Buchholz (km 8)

🚰   viele verschiedene Einkaufsmöglichkeiten in Ratzeburg, ☺ Dorfladen Alte Meierei in Groß Sarau (km 2,9), Lödings Bauernhof mit Hofladen in Buchholz (km 6,9)

≈   Groß Sarau (km 2,8), Pogeez (km 5), Buchholz (km 6,6, km 8), Ratzeburg (am Ziel), Himmelswiese (km 10,9)

ŤŤŤ   mehrere Badestellen mit Spielplätzen am Ratzeburger See, Spielplätze am Gasthaus Rothenhusen und am Nobis Krug, reichlich Stege zum Spielen am Wasser,
Minigolf in Ratzeburg, Bootfahren (☞ Tour 1 und ☞ Tour 3), Schiffstour, Ponyreiten und Treckerfahren in Buchholz, Strecke für kleinere Kinder verkürzbar (z. B. ab
Buchholz auf 5 km)

🛒   problemlos

🐈   regelmäßig Seezugang für Trinkwasser, einige Mülleimer, fast nur Sandwege, Hunde
auf den öffentlichen Badeplätzen nicht erlaubt (außer in Ratzeburg mit Hundestrand
an der Schlosswiese), viel Auslauf auf dem Uferweg möglich, leider an schönen
Tagen – insbesondere am Wochenende – stärker von Radlern frequentiert

P   Start: Parkplatz Fährhaus Rothenhusen am Rothenhusener Weg, 750 m vom Schiffs-
anleger, GPS N 53°47.124' E 010°45.708'; Ziel: Parkplatz Schlosswiese an der B208,
GPS N 53°41.973' E 010°45.877', gebührenpflichtig (8:00-18:00 € 0,50/30 Min.,
Tageskarte € 4), Parkplatz Sedanwiese im östlichen Stadtgebiet von Ratzeburg,
GPS N 53°41.808' E 010°47, gebührenfrei

🚌   Haltestelle Lüneburger Damm an der B208, Linie 8750 Ratzeburg–Mölln, Mo-Sa
tagsüber jede Std., So alle 2 Std., ab Ratzeburg Bahnhof Anschluss mit Zug und Bus
in alle Richtungen

Falls kein Schiff nach Rothenhusen fährt, bringt Sie die Linie 8710 Lübeck–Mölln
vom Ratzeburger Bahnhof Mo-Fr stdl. und Sa/So mehrmals tgl. nach Groß Sarau zur
Bushaltestelle Schanzenberg oben an der Hauptstraße. Beginnen Sie die Tour dann
dort unten am Ratzeburger See. Die 1,6 km nach Rothenhusen müssten sonst dop-
pelt gelaufen werden. ☺ Der Bus hält auch in Pogeez, Buchholz und Einhaus, dem-
entsprechend verkürzt sich die Wanderung.

🚢   Ratzeburg Schlosswiese nach Rothenhusen, 🗓 April bis Ende Oktober Sa/So ab
12:30/an 13:45, Di-So zusätzlich ab 14:30/an 15:45, ✋ bitte anmelden (bei weniger
als 10 Pers. kann die Fahrt in der Nebensaison ausfallen), Hauptsaison Mai bis
Anfang Okt. Di-So ab 10:30/an 11:45, ab 12:30/an 13:45 und ab 14:30/an 15:45,
einfache Fahrt € 9,50, Kind 4-14 J. € 4,50, Rad € 2,50, Hund € 1,50, Schifffahrt
Ratzeburger See, Schlosswiese 6, 23909 Ratzeburg, ☎ 045 41/79 00,
💻 www.schiffahrt-ratzeburg.de. ☺ Sie können schon in Buchholz aussteigen und
nur eine kleine Tour von 5 km absolvieren. ✋ Außer Schlosswiese und Rothenhusen
sind alle anderen Bedarfsanlegestellen. Sie müssen sich bemerkbar machen,
ansonsten fährt das Schiff weiter.

Sie fahren zunächst mit dem Schiff von **Ratzeburg (Fähranleger Schlosswiese)**
quer über den Ratzeburger See zum **Fähranleger Rothenhusen**.

☺ Es lohnt sich, gleich bei der ersten Abfahrt von der **Schlosswiese** auf das Schiff zu steigen und die Extrarunde über den Domsee (☞ Tour 3) mitzunehmen. So nah kommen Sie der Dominsel, die komplett umfahren wird, sonst nie. Aber auch die restliche Schiffstour einmal die gesamte Länge des Ratzeburger Sees entlang begeistert mit unvergleichlichen 🔭 Ausblicken auf West- und Ostufer.

Ratzeburger See

Aufmerksame Beobachter erkennen, dass die Westseite intensiver landwirtschaftlich genutzt wird und stärker bebaut ist. Dagegen profitierte die Ostseite vom „Eisernen Vorhang" während des Kalten Krieges und der völligen Abschottung in DDR-Zeiten. Die Uferhänge sind hauptsächlich naturbelassen und gleich mehrere Naturschutzgebiete wurden entlang des Ufers eingerichtet. Eingebettet wird der 10 km lange See von Moränen.

Schon im Tertiär gab es an diesem Ort eine Vertiefung, die die folgenden Eismassen als Becken nutzten. So stieß eine Gletscherzunge von der Lübecker Bucht bis weit hier nach Süden vor und schürfte den Boden bis zu 24 m tief auf. Fast 12 km² liegen tiefer als der Ostseespiegel. Dadurch kann sich der Große Ratzeburger See als die größte Kryptodepression Norddeutschlands bezeichnen. Das heißt, es ist die größte verborgene – nämlich von Wasser gefüllte – Senke unter dem Meeresspiegelniveau im Land.

Das vom Gletscher mitgeführte Gesteinsmaterial lagerte sich unter dem Eis als Grundmoräne bzw. vor dem Eis als Endmoräne ab. Das Schmelzwasser floss zunächst nach Süden über die Elbe in die Nordsee und lagerte im Süden verstärkt Geröllmassen ab. Als die Gletscher weiter abtauten, wurde der Abfluss nach Süden endgültig durch die Endmoränen und Geröllmassen verriegelt. Fortan entwässerte der See wie noch heute Richtung Norden über die Wakenitz und Trave in die Ostsee.

Vom Wasser aus gewinnen Sie den umfassendsten Eindruck vom ⌘ **Fährhaus Rothenhusen**. Die exponierte Lage auf der winzigen Insel mitten im Ausfluss des Ratzeburger Sees in die Wakenitz macht es zu einem beliebten Ausflugsziel.

Fährhaus Rothenhusen

Umgeben von Wasser hat das historische „rothe Hus" einfach einen umwerfenden 🛈 Ausguck über den gesamten See. Nördlich von ihm erstreckt sich die Wakenitz, der Amazonas des Nordens, bis Lübeck (🖙 Tour 1). Obwohl es der Gemeinde Groß Sarau zugerechnet wird, ist es seit dem Ankauf der Insel 1274 im Besitz der Hansestadt Lübeck. Die Lübscher brauchten ein Bollwerk zur Verteidigung gegen die Herzöge von Sachsen-Lauenburg. 1595 wurde die erste befestigte Zollstation mit Fährhaus errichtet. Der erste Name war „Zwing den Schalk". Drei Geschütze wurden zum Schutz der Einfahrt in die Wakenitz eingesetzt.

1790 wurde der erste Ausschank von Bier erlaubt. 2017 wurde die denkmalgeschützte Wirtschaft umfassend renoviert und modernisiert – ein gelungener Mix aus Historie und modernem Komfort. Attraktionen sind der aussichtsreiche Wintergarten und die Terrasse in den Baumwipfeln auf dem Dach.

✗   Fährhaus Rothenhusen, Rothenhusener Weg 1, 23627 Groß Sarau, ☎ 045 09/80 59, 🖳 www.faehrhaus-rothenhusen.de, 🕄 Di-So ab 11:30, Imbiss Frühjahr bis Herbst, Kinderstuhl und Wickeltisch vorhanden, Spielplatz

Anschluss an die Wakenitzschifffahrt (☞ Tour 1). ☺ Fahren Sie mit dem Boot ganz bis Lübeck und mit dem Zug, Rad, Kanu oder zu Fuß wieder zurück (als Wochenendtour).

Vom Fähranleger verlassen Sie die Insel nach links. Auf dem Festland geht es nach rechts zum Kanu-Center Wakenitzhaus (☞ Tour 1) am Fluss Wakenitz. Nach links sind es nur wenige Schritte auf dem Uferweg bis zum überdachten ⊼ **Rastplatz.** Ein Birkenwäldchen spendet auf der kleinen Landzunge Schatten. Im Schilf schwimmen einem gar nicht scheu Enten vor die Füße. Familie Schwan mit etlichen Jungen – flauschigen grauen Federknäueln – posiert geradezu vor der Kamera.

Entlang des Nordendes des Sees trennt der Uferweg die Kleingärten von den privaten Bootsstegen. Die 📷 Weitblicke über die in der Sonne gleißende Wasserfläche scheinen sich gegenseitig zu überbieten. Sobald der Weg nach Süden nach 330 m abknickt, wird das Ufer von urwüchsigem Erlenbruchwald umhüllt. An der **Siedlung der Segelvereine** (km 0,6) können Fußgänger geradeaus dem Pfad direkt am Wasser entlang folgen. Ein Steg reiht sich an den anderen.

Plötzlich wird der Wanderer von riesigen Hecken verschluckt. Die Prachtspiere explodiert zur Blütezeit im Mai/Juni und stellt sich als weiße Wand auf. Kurz entfernt sich der Wanderweg am Schanzenberg von der Wasserkante. Das blaue X in Richtung Groß Sarau/Ratzeburg lotst Sie dann an hohen Zypressen vorbei wieder zum See zurück. Ein dichter Schilfgürtel nimmt allerdings jetzt die Sicht auf das Gewässer. Der Weg schlängelt sich über Wiesen und durch grüne Tunnel im Uferbewuchs bis nach **Groß Sarau ❶** (km 2,4) an der Alten Salzstraße.

Linker Hand zweigt vom 🅿 Parkplatz ein Pfad zum Wasser ab. Nach 150 m können Sie wählen, ob Sie links zu einem kleinen 🏖 Strand wollen oder ob Sie lieber entspannt die grandiose 📷 Aussicht von der ⊼ Bank am Ende des Steges genießen. Nach rechts in den Ort sind es 200 m bis zum ⌘ **Nobis Krug** und 570 m bis zur 🏭 **Alten Meierei** an der Hauptstraße.

Nobis Krug

Das Gasthaus im über 300 Jahre alten, reetgedeckten Fachwerkhaus ist einer der wenigen historischen Nobiskrüge, die in Deutschland noch heute Gäste bewirten. Nobiskrüge boten im Mittelalter außerhalb der Stadtmauern Reisenden Kost und Logis. Damit waren sie auch weit von der Obrigkeit entfernt. Diese günstige Lage machte sich Gesindel zunutze und nutzte die Wirtschaften für kriminelle Geschäfte. Diese verrufenen Treffpunkte der Unterwelt waren wohlbekannt. Der Begriff „Nobiskrug" stammt aus der mittelalterlichen Gaunersprache und bedeutet „schlechtes, an einer Gemarkungsgrenze gelegenes Gasthaus". Im Sinne der Kirche passt auch gut „letzte Herberge am Ende des Lebensweges" oder einfach kurz „beim Teufel" oder „Eingang zur Hölle". Im Gegensatz zu früher machen die alten Krüge jetzt allerdings mit gutem Essen, Gastlichkeit und originellem Ambiente von sich reden.

✕   Nobis Krug, Tüschenbeker Weg 1 a, 23627 Groß Sarau, ☎ 045 09/80 86, 💻 www.nobis-krug.de, 🍴 Mi ab 17:00, Do-Di ab 12:00, frisch zubereitete Hausmannskost, neben den normalen Kindergerichten sind alle Gerichte auch als kleine Portionen erhältlich, Kinderstuhl vorhanden, kein Wickeltisch

⚖   Die Alte Meierei, Hauptstraße 5, 23627 Groß Sarau, ☎ 045 09/799 38 65, 📧 die-alte-meierei@t-online.de, 💻 www.die-alte-meierei.de, 🍴 Mo-Fr 9:00-18:00, Sa 8:00-14:00, großartiger Dorfladen mit Wurst, Käse, Fleisch, Molkereiprodukten, Suppen, Salaten, allerlei Hausgemachtem, Brot, Wein, Essig, Honig und speziell für große und kleine Naschkatzen die Naschitüte zum Selbstzusammenstellen aus vielen leckeren Sorten

Der öffentliche 🏊 **Badeplatz Groß Sarau** mit WC und DLRG-Wachhaus 130 m weiter Richtung Pogeez ist kostenfrei und jederzeit zugänglich. Im dicht bewachsenen Ufersaum tummeln sich im Röhricht Blesshühner mit Brut. Am blumenreichen Wegesrand gedeihen Kostbarkeiten wie Geflecktes Knabenkraut und Bachnelkenwurz. Im Gehölz fällt der weiß blühende Wasserschneeball auf, der im Herbst mit knallroten, beerenähnlichen Steinfrüchten prunkt. In **Pogeez** (km 4,7) zweigt ein Pfad zum alten Bahnhof zur 🚌 Bushaltestelle ab.

✕   Bratkartoffelhäuschen, Hauptstr. 19 c, 23911 Pogeez, ☎ 045 41/87 94 50, 🍴 tgl. 11:00-20:00, Kinderstuhl vorhanden, kein Wickeltisch

Der öffentliche **Badeplatz Pogeez** ❷ (km 5) zeigt sich als eine sehr gepflegte Anlage mit netten 🪑 Rastplätzen – allerdings gebührenpflichtig.

🏊   Badeplatz Pogeez, 🍴 Mai-Okt. tgl. 10:00-19:00, Erw. € 2, Kinder 4-15 J. € 1, WC für Nicht-Badegäste € 0,50, Zugang zum Kiosk kostenfrei, Stand-Up-Paddling-Kurse und Verleih, DLRG-Wache

Uferweg bei Buchholz

Der Weg windet sich entlang der Buchten des Ratzeburger Sees bis zum Anlegeplatz des **Naturcampings Buchholz** und dem zugehörigen ✕ Restaurant **Angelsmühle** (km 6,6).

✕ Angelsmühle, Am Campingplatz 1, 23911 Buchholz, ☎ 045 41/85 85 50 oder 045 41/42 55, 💻 www.naturcampingbuchholz.de, 📵 1.4.-30.9. Di-So 12:00-21:00, Mo 15:00-21:00, Kinderstuhl vorhanden, kein Wickeltisch

✍ Wenige Schritte weiter lohnt sich der Abstecher zu **Lödings Bauernhof** ❸ oben auf der Steilkante alleine schon wegen des grandiosen 🏞 Weitblicks über den Ratzeburger See nach Norden. ⇆ 600 m

🏕 Lödings Bauernhof am See, Auf dem Ortskampe 1, 23911 Buchholz, ☎ 045 41/80 17 13, 💻 www.spargelbuffet.de, 📵 Mitte April bis letzten So im Sept. tgl. 8:00-19:00, Hofladen, Treckerfahrten für Kinder (So 14:00-17:00), Ponyreiten, ☺ Spargelbuffet Ende Mai, unterhaltsames Fest mit Kunsthandwerkermarkt und vielen Extraangeboten, Himbeeren zum Selbstpflücken ab Juli

✕ Fruchtcafé, 📵 Juli/Aug. Fr-So

Eine Bucht weiter kann die Tour im alten Fischerdorf **Buchholz** ❹ (km 8) am **Fähranleger** abgebrochen werden. Entweder mit dem 🚢 Schiff oder mit dem 🚌 Bus kommen Sie wieder zurück nach Ratzeburg. Daneben befinden sich das WC und der frei zugängliche 🏊 Badeplatz.

Fischerei am Ratzeburger See

Bis Ende der 1970er-Jahre war der Ratzeburger See ein fischreiches Gewässer und die Fischerei ein einträgliches Geschäft. Vor allem Maränen, Aale und Barsche wurden zentnerweise gefangen. Als 1980 der erste Kormoran gesichtet wurde, dachten sich viele Fischer nichts dabei. Doch der Fischräuber blieb nicht lange allein. Bereits zwei Jahre später gingen zwischen 1.000 und 1.500 Kormorane täglich im See auf Fischjagd. Ein Schwarm kann gut zwei Tonnen in einer Woche aus dem See holen. Die schwarzen Plagegeister fraßen ihn quasi leer. Fast alle Fischer gaben auf. Seit 1991 ist Rüdiger Jobmann aus Ratzeburg alleiniger Pächter. Jährlich setzte er zwei Millionen Maränen und 500.000 Hechte ein. Dadurch entwickelte sich der Fischbestand so gut, dass selbst die Kormorane nicht dagegen ankamen. Dennoch – die alten Fangquoten gehören der Vergangenheit an.

Das letzte Stück nach Ratzeburg zieht sich schattig zwischen Quellhängen rechts und Erlen links hin. Eine **Quelle** (km 9,6) ist mit Steinen eingefasst. Dort können Sie Trinkwasser entnehmen. Im Buchenwald weist am Hang ein Schild (km 9,9) auf das ⌘ **Ansveruskreuz** ❺ (km 10,2) oben auf den Wiesen hin. Das

Altes Bootshaus in Ratzeburg

steinerne Kreuz steht an der Stelle, wo der heilige Ansverus im 11. Jh. mit 18 Mönchen von aufständischen wendischen Stämmen zu Tode gesteinigt wurde. Heute ist es eine Wallfahrtsstätte.

Zurück am Waldrand können Sie auf dem gleichen bequemen Weg hinabgehen oder nach rechts abkürzen. Der schmale Pfad am Steilhang endet an einem T-Kreuz. Nach links steil bergab treffen Sie wieder auf den markierten Wanderweg. Wer möchte, kann an der Treppe den Abzweig hinab zum 🏊 **Badeplatz Himmelswiese** (km 10,9) nehmen. Wer den Ab- und Anstieg scheut, läuft in einem Bogen am Hang entlang weiter. Entweder das weiße X vom Fernwanderweg oder das blaue X steuern Sie in Richtung Ratzeburg sicher durch das Wegegewirr an Einhaus vorbei. Noch ein wenig Auf und Ab und der Wald spuckt Sie in **Ratzeburg** an der **Schlosswiese** (km 13,8) aus. Dort ergeben sich rund um den nahen **Fähranleger** viele Möglichkeiten für tolle 📷 Aussichten über den Ratzeburger See, zum Baden, Spielen oder Sich-lecker-verwöhnen-Lassen mit Fisch, Eis oder Torten (☞ Tour 3 und 5).

✗   Eispavillon Pelz, Schlosswiese 1, 23909 Ratzeburg, ☎ 045 41/27 54,
           💻 www.eis-pelz.de, 🕑 März-Okt. tgl. 12:00-21:00
♦   Fischerei Jobmann, Fischerstube, Schlosswiese 2, 23909 Ratzeburg,
           ☎ 045 41/35 59, 🕑 März-Nov. tgl.
🐟   Fischerei Jobmann, Fischgeschäft, 🕑 März-Dez. tgl.
🏊   Badeplatz Schlosswiese, kostenfrei und mit Hundestrand
🎡   Minigolf, 🕑 bei gutem Wetter April-Sept. Do-So 13:00-19:00, in den Ferien Mo-So
           11:00-19:00

☺   Für Unternehmungslustige empfiehlt sich eine Draisinenfahrt auf der Erlebnisbahn Ratzeburg. Auf der ehemaligen Strecke der Kaiserbahn (☞ Tour 6) können Sie sich per Muskelkraft zwischen den drei Bahnhöfen Ratzeburg, Schmilau und Hollenbek auf 13 km fortbewegen. Mittlerweile ist das Angebot sehr vielfältig, bis zu einer Rundtour zu Land und Wasser mit Draisine, Rad und Boot rund um Ratzeburg.
♦   Erlebnisbahn Ratzeburg, Am Güterbahnhof, 23909 Ratzeburg, ☎ 045 41/88 32 16,
           💻 www.erlebnisbahn-ratzeburg.de, 🕑 Mitte April bis Mitte Okt. tgl. 9:00-18:00

🛏   Genauso ausgefallen zeigen sich die Übernachtungsmöglichkeiten der Erlebnisbahn beim Bahnhof Schmilau. Im Baumwaggonhotel in den Baumwipfeln ist keine Wand gerade. Das Kofferhotel thront oben auf einem Waggon und auch das Eisenbahnhotel ist liebevoll und ideenreich eingerichtet. Oder wollen Sie mal in einem Vogelhäuschen übernachten? Der Hund darf in den ebenerdigen Waggon mit.

❸ Ratzeburger See: Ostufer

 ✗ ⯂ WC 🏛 ≋ ⓘ ⌘ 🚢 🔥 ❀ 🛝

Tour für Naturfreunde 👪 🐿 🐿 🐈

Zum Start nach Rothenhusen bringt Sie wie bei Tour 2 eine wunderschöne Schifffahrt über den Ratzeburger See. Auf dem größtenteils naturbelassenen Ostufer wandern Sie von einem Naturschutzgebiet in das nächste durch die stark hügelige Moränenlandschaft.

→ Start: Fähranleger Rothenhusen, Rothenhusener Weg, Groß Sarau, GPS N 53°46.847' E 010°45.964'; Ziel: Fähranleger Schlosswiese, Schlosswiese, B208, Ratzeburg, GPS N 53°41.983' E 010°45.840'

⟳ 13,5 km

⧖ 4 Std.

↑ ↓ 209 m/211 m

⇧ 0-56 m

✎ Grün-weiße Rad- und Wanderwegweiser, blaues X, rote Ringe, rote Schlange, Infoschilder. Fehlende Markierungen erschweren hin und wieder die Orientierung.

🚶 Die etwas anspruchsvollere Tour im meist hügeligen Terrain erfordert schon ein bisschen Kondition. Überwiegend bewegen Sie sich außerhalb der Ortschaften auf guten Wald- und Feldwegen fort. Utecht und Campow verbindet eine verkehrsarme, etwas mehr als 1 km lange asphaltierte Landstraße. Die Wege durch die Kerbtäler bei Utecht sind nicht so gut gepflegt und können etwas matschig und zugewuchert sein. Auf der ersten Hälfte der Tour im Nordosten kann es im Sommer in der offenen Knicklandschaft warm werden. Die zweite Hälfte verläuft bis kurz vor Ratzeburg unter grünem Blätterdach im Wald.

✗ Rothenhusen (am Start), Utecht (km 2,1, km 2,3), Römnitz (km 9,3) und mehrere Einkehrmöglichkeiten in Ratzeburg

⯂ Eine erste Bank finden Sie in Utecht (km 2), mehrere Bänke am Abstecher zu den Kerbtälern, Campow (km 3,5), Steilufer (km 5). Dann häufen sich die Bänke ab Kalkhütte bis Ratzeburg.

WC Alte Wache am Markt in Ratzeburg

🏛 viele verschiedene Einkaufsmöglichkeiten in Ratzeburg

≋ Utecht (km 2,3), Bäk (km 10,4), Ratzeburg (am Ziel)

👪 Spielplätze in Rothenhusen, am Café Eisvogel in Utecht und in Ratzeburg, Minigolf in Ratzeburg, mehrere Badeplätze, Bootfahren (☞ Tour 1), Schiffstour, Strecke für kleinere Kinder verkürzbar, z. B. ab Römnitz auf 4 km, zwischen Utecht und Campow 1,2 km auf verkehrsarmen Landstraßen

größtenteils problemlos mit Buggy machbar, Abstecher zu den Kerbtälern auf den schmalen, wurzeligen und grasigen Pfaden nicht für Buggys geeignet, kurze Treppe in Bäk

längere Strecken ohne Seezugang, etwas Trinkwasser mitnehmen, einige Mülleimer, überwiegend Feld- und Waldwege, in Utecht längere Asphaltstrecke, Hunde an den öffentlichen Badeplätzen nicht erlaubt (außer in Ratzeburg mit Hundestrand an der Schlosswiese), Auslauf nach Utecht möglich, ansonsten Leinenpflicht in den Naturschutzgebieten, leider an schönen Tagen – insbesondere am Wochenende – stärker von Radlern frequentiert

P   ☞ Tour 2

🚌   ☞ Tour 2

⛴   ☞ Tour 2. Sie können schon in Römnitz aussteigen. Von dort ist es ein kleiner Spaziergang von 4 km bis zum Ziel.

Vom **Fähranleger Rothenhusen** auf der gleichnamigen Insel (☞ Tour 2) wechseln Sie hinüber auf das Festland. Nach rechts am ⚓ Kanu-Center Wakenitzhaus (☞ Tour 1) vorbei erreichen Sie entlang des Flusses beim **P** Parkplatz die Brücke über die ✿ Wakenitz (km 0,4). Von ihrem 🎑 Ausguck breitet sich zu Ihren Füßen eine malerische Flusslandschaft (☞ Tour 1) aus.

Waren Sie eben noch in Schleswig-Holstein im Naturpark Lauenburgische Seen, betreten Sie nun Mecklenburg-Vorpommern und das Biosphärenreservat Schaalsee auf der anderen Flussseite. Die urwaldartigen Erlenbruchwälder des Kammerbruches umschließen die Straße mit sandigem Fußweg nach Utecht noch ein gutes Stück. Vielfältiges Vogelgezwitscher erklingt. Unverwechselbar ertönt der Balzruf eines Uhus. Mit etwas Glück huscht ein Otter hinüber. Ein Schild warnt Autofahrer vor diesem ungewöhnlichen Wildwechsel.

Dann öffnet sich der 🎑 Blick nach links in die Flussniederung. Man vermag seinen Augen nicht zu trauen, aber es stolzieren auf dem Acker neben der Straße Nandus. Seit im Jahr 2000 einige Exemplare dieser straußenähnlichen Laufvögel aus einer Zucht entkommen sind, sind sie an der Wakenitz bei Utecht kein seltener Anblick. Inzwischen ist die Population in der freien Wildbahn auf 220 Tiere angewachsen.

Im sanften Schwung wird der erste Moränenrücken hinauf nach **Utecht** (km 1,6) erobert. Oben vor den Häusern ignorieren Sie den Radwegweiser geradeaus nach Ratzeburg. Das blaue X weist nach rechts auf einen Fußweg ins

Dorf hinein. Hübsche, alte Fachwerk- und Bauernhäuser säumen die Dorfstraße. Am **Dorfplatz** (km 2) geht es nach rechts 250 m hinab zum  Badeplatz. Geradeaus 50 m weiter an der Kreuzung haben Sie die Wahl. Geradeaus zum Café Eisvogel setzt sich die Uferwanderung fort. Eine lohnenswerte, aber anstrengende kleine Rundtour erkundet die Kerbtäler.

Dazu gehen Sie nach links. Nach 100 m biegen Sie nach rechts in die sandige Fahrstraße Zum Kerbtal ein, wo der Rundweg beginnt. Er ist mit Schildern und roten Farbmarkierungen ausgestattet. Am Dorfteich vorbei bleibt bald nur eine Spur im Gras, die nach rechts in einen Redder schnurgerade den Hang hinaufklettert. Skurril verformte Kopfweiden stehen wie Wachposten am Wegesrand. Ein

Grab verstärkt die etwas unheimliche Atmosphäre. Schließlich endet der Redder im Wäldchen der ⊛ **Kerbtäler** ❶.

Von der Steilkante ergibt sich eine beeindruckende 📷 Übersicht auf das wildromantische Tal. Auf dem Grund fließt der Bach, dem das Tal seine Entstehung verdankt. Nach den Eiszeiten haben die austretenden Quellbäche in dem quellreichen Gebiet eine tiefe Rinne im Geschiebelehm ausgewaschen. Diese einzigartigen Kerbtäler finden sich noch andernorts hier an den Hängen. Manche sind bis zu 20 m tief. Im Frühjahr blühen Buschwindröschen, Lerchensporn und stellenweise das Leberblümchen.

Sie umlaufen das Kerbtal, kreuzen den Bach und kommen aus dem Wald heraus. Am Waldrand entlang müssen Sie 150 m der Grasnarbe des Ackers folgen. Dann biegen Sie nach rechts auf den Feldweg ab. Durch einen Redder (je nach Jahreszeit steht das Gras dort hoch) gelangen Sie zur **Hauptstraße** zwischen Thandorf und Utecht. Hier haben Sie einen weiten 📷 Blick über den Ratzeburger See und über das Land bis zu den Kirchtürmen von Lübeck im Nordwesten. Ein Knick mindert linker Hand den Lärm der Straße, während Sie bergab auf dem Radweg zurück nach **Utecht** wandern. ⇆ km 2,9

Beim Café Eisvogel (km 2,3) am Ortsrand ist der Abzweig nach Campow.

✗   Café Eisvogel, Campower Straße 1, 19217 Utecht, ☎ 03 88 75/220 76, 🗓 Jan und Febr. Sa/So 12:00-18:00, März und April wetterabhängig, ab Mai bis Nov. Mi-So 12:00-18:00, nettes Café mit Charme und tollen Kuchen und Torten, großer Kaffeegarten, kein Kinderstuhl, kein Wickeltisch

Die verkehrsarme asphaltierte Landstraße durchschneidet die Knicklandschaft oberhalb des Naturschutzgebietes Campower Steilufer. Im Dorf können frische Eier erworben und moderne Kunst auf Findlingen bestaunt werden. Verweilen Sie ein wenig am ⌘ **Campower Dorfplatz** ❷ (km 3,5) und lassen Sie die friedvolle Ruhe des alten Dorfes auf sich wirken.

Richtung Römnitz marschieren Sie geradeaus in den nächsten Redder oberhalb des Steilufers hinein. Ein tiefer Bacheinschnitt kündigt das ⊛ Naturschutzgebiet **Steinerne Rinne** ❸ (km 4,6) an. Es ist ebenfalls ein nacheiszeitliches Kerbtal. Der Name des Naturdenkmals beruht auf den zahllosen Findlingen, die das Bachbett füllen. Vom Wanderweg sieht das Rinnsal nicht ganz so bedeutend aus. Bemerkenswert ist allerdings, dass Sie hiermit die frühere innerdeutsche Grenze überschreiten. Somit kommen Sie wieder nach Schleswig-Holstein hinein. Hügelaufwärts zeugt eine Reihe von Obstbäumen am Wegesrand von der leidvollen Vergangenheit.

Neuhof

Neuhof lag ehemals 1,5 km aufwärts an der Steinernen Rinne. Gegründet wurde „Nigehof" 1336 im Mittelalter als Hof des Ratzeburger Dompropstes. Nach der Säkularisierung gelangte es in den Besitz des Ratzeburger Herzogs. 1644 wurde das Dorf zum ersten Mal durch schwedische Truppen zerstört. Nach dem Zweiten Weltkrieg wuchs es durch den Flüchtlingsstrom an. Durch die Bodenreform erhielten diese Grund und Boden und siedelten sich an. 1958 zählte Neudorf etwa 140 Einwohner. Mit dem Grenzbau stand das Dorf jedoch dem DDR-Regime bei der Grenzsicherung im Weg. 1977 wurde das letzte Haus abgerissen. Einzig ein paar Obstbäume blieben von dem „geschleiften" Dorf übrig.

Oben auf der Moränenkuppe ignorieren Sie den Abzweig nach Hohenleuchte. Unten im Buchenwald erwartet Sie ein Auf und Ab über die Moränen. Herumliegendes Totholz, abgestorbene Bäume voller Spechthöhlen und viele Pilzarten lassen die Nullnutzung des Waldes erkennen. Kriechender Günsel leuchtet blau am Wegesrand. Nach einiger Zeit spaltet sich der Wanderweg (✍, blaues X, rote Schlange) vom Radweg nach rechts hinab nach Kalkhütte ab (km 6,1). Im leichten Auf und Ab schlängelt er sich durch den ✾ **See-bruch**.

Dieser ist Teil des Naturschutzgebietes Ostufer Ratzeburger See. In den Feuchtgebieten der Quellbäche auf den Terrassen und dem Ufersaum haben Erlen und Eschen einen Lebensraum gefunden.

Riesenschachtelhalm im Feuchtwald des Seebruchs

Die wasserdurchtränkten Böden sind auch ideal für Bitteres Schaumkraut und den seltenen Riesenschachtelhalm. Im Frühjahr setzen Milzkraut und Schlüsselblume gelbe Farbtupfer. Sogar ein kleines Moor konnte entstehen. Dort wachsen Torf-moose, Sumpfcalla, Sumpffarn und Moorbirken.

Das **Forsthaus Kalkhütte** ❹ (km 7,1) liegt ![] aussichtsreich oberhalb des Rat-zeburger Sees mitten am Hang. Unten am kleinen Segelhafen können Sie bei einer Pause die Füße vom Steg ins Wasser baumeln lassen, während der ![] Blick hinüber nach Buchholz (☞ Tour 2) schweift. Der Wanderweg zieht links am Haus vorbei und steigt steil durch den Campingplatz den Hang hoch. Wanderzei-chen und ![] Infotafel werden rechter Hand beim großen Findling erspäht.

Aussicht von den Moränen über den Ratzeburger See

An dieser Stelle können Sie nachlesen, dass der Name „Kalkhütte" vom Abbau der hier vorkommenden Seekreide (☞ Tour 15, Kalkflachmoor) stammt. Im Wald vor Ihnen soll einst der grausige Räuber Papedönke gehaust haben. Erneut empfängt Sie ein Auf und Ab im Buchenwald. Schließlich lassen Sie den Wald hinter sich und treffen auf die gepflasterte Dorfstraße von **Römnitz** (km 9,3). Ein Besuch der **Römnitzer Mühle** ❺ (km 10) ist zu empfehlen. Nicht nur die traumhafte Lage unten am Ratzeburger See verwöhnt Wanderer, sondern

Römnitzer Camping am Domsee

auch die schmackhafte Küche und die netten Wirtsleute. Und unvergesslich – die fulminanten Sonnenuntergänge auf der Seeterrasse.

✗ Römnitzer Mühle, Dorfstraße 32, 23909 Römnitz, ☎ 045 41/85 79 09 (außerhalb der Öffnungszeiten ☎ 045 41/87 99 81), 💻 www.roemnitzer-muehle.de, 📱 Jan bis Mitte Febr. geschlossen, Winter Di 17:00-22:00, Mi-Fr 8:00-10:00 und 12:00-22:00, Sa/So 8:00-22:00, Sommer Di-So 8:00-22:00, kein Wickeltisch, Kinderstuhl vorhanden, Hunde gern gesehen

🚢 Fähranleger Römnitz. ☺ Sie können die Wanderung hier abbrechen (das letzte Schiff legt um 15:05 ab) oder aber für eine kleine Tour hier beginnen. Infos ☞ Tour 2

Nach Ratzeburg zweigt der Wanderweg schon 150 m oberhalb des Gasthauses von der Dorfstraße in den Wald ab. Das blaue X und die rote Schlange dirigieren Sie durch das Hasselholz hoch über dem Domsee. Im Wald am Steilhang riecht es nach Waldmeister. Eine kurze Treppe mündet nach den ersten Häusern in den Papengang in **Bäk** (km 10,4). Nach links sind der Mühlenweg und die Infotafel **Pfaffenmühle** ❻ (km 10,6) und unten am See der 🏊 Badeplatz nah. Wie die Namen verraten, boomte hier früher die Mühlenindustrie. Den Höhenunterschied von 20 m am Fluss Bäk machte man sich schon früh zunutze.

✎ ☺ Interessierte können 140 m weiter auf dem kulturhistorischen Pfad das Kupfermühlental hochsteigen. Auf 1,5 km beschreiben neun Schautafeln Wissenswertes zur Chronik der Gemeinde Bäk.

Nahebei verschwindet der Wanderweg nach Ratzeburg wieder am Hang entlang im Wald. Die vielen Quellen werden am Ende im **Löwenbrunnen** ❼ (km 11,6) zusammengefasst. Anschließend schlendern Sie unterhalb des Wasserturms den Bäker Weg entlang durch die Vorstadt Ratzeburgs. ✋ Achten Sie auf das **Fußwegschild** (km 11,8) rechter Hand. Dieses weist Sie zum Uferweg am **Domsee** mit 🏛 fantastischen Aussichten hinüber zur Dominsel. Die Silhouette wird vom Ratzeburger Dom dominiert.

✗   Eiscafé Bruhn, Königsdamm 3, 23909 Ratzeburg, ☎ 045 41/85 88 27,
            🖳 www.eiscafe-bruhn.de, ⏻ März-April und Sept.-Okt. tgl. 12:00-18:00,
            Mai-Aug. tgl. 11:00-21:00

⛵ 🎣   Bootsvermietung und Angelscheine, Peter Morgenroth, Am Jägerdenkmal 1,
            23909 Ratzeburg, ☎ 045 41/832 00, 📱 01 63/ 339 83 30,
            🖳 www.schaalsee-canu-salem.de

Der **Königsdamm** wurde 1842 bis 1847 aufgeschüttet, um das Festland östlicherseits mit der Dominsel zu verbinden. Sein Name wurde ihm 1854 in Anwesenheit und zu Ehren des Königs Friedrich VII. verliehen. Quer über die **Insel** erreichen Sie auf der Westseite den **Lüneburger Damm** (km 12,9). Einen Steinwurf entfernt ist das Ziel, der **Fähranleger Schlosswiese** (☞ Tour 2/3).

☺   In der Altstadt auf der Dominsel inmitten der vier Seen gibt es viel zu sehen. Alleine die Besichtigung des Doms ist eine Nachmittagsbeschäftigung. Von dort aus ist der Stadtrundgang mit Löwentatzenspuren markiert. An den Sehenswürdigkeiten und Aussichtspunkten informieren Schilder über die Besonderheiten (Faltblatt in der Tourist-Info, kostenlose App fürs Smartphone, 🛈 Touristeninformation ☞ Tour 4).

❹ Großer Küchensee ✗ ⚲ WC ⛲ 🏊 ⓘ ⌘ ❀🛖

Tour für Familien, Seeumwanderer und Waldliebhaber 👫👪 🚶🚶 🐕🐕

Obwohl das Nordende des Großen Küchensees vom Ratzeburger Stadtgebiet umschlossen wird, kann in den gepflegten Parkanlagen der Uferpromenade die Schönheit des Sees trotzdem in Ruhe genossen werden. An das Südende schmiegen sich dichte Wälder. Ob Natur, Kultur, Spiel und Spaß oder kulinarische Genüsse – auf dieser Tour ist alles möglich.

↻	Start/Ziel: Parkplatz Unter den Linden, Rathaus, B208, Ratzeburg, GPS N 53°41.965' E 010°46.144'
➲	7,7 km
⧗	2 Std.
↑ ↓	73 m/73 m
⇧	0-56 m
✎	grün-weiße Radwegweiser, roter Baum und Holzschilder für Rundwanderweg, weißes X für den Fernwanderweg E1/E6/E9, Infoschilder
⛏	Die Tour verläuft fast ausschließlich auf Park- und Waldwegen. Kurze Strecken sind asphaltiert. An heißen Tagen finden Sie im feuchten Erlenbruchwald am See für lange Zeit Abkühlung. Die sehr wenigen, leichten Steigungen fallen unterwegs kaum ins Gewicht.
✗	mehrere Einkehrmöglichkeiten in Ratzeburg am Anfang und Ende der Tour, ☺ Eispavillon Pelz und Fischerei (☞ Tour 2), Farchauer Mühle (km 3,8)
⚲	ausreichend Bänke, Rastplätze (km 0,8, km 1,8, km 4,9, km 6,1)
WC	Alte Wache am Markt in Ratzeburg, 250 m vom Parkplatz
⛲	viele verschiedene Einkaufsmöglichkeiten in Ratzeburg
🏊	Ratzeburger See beim Start/Ziel, Kurpromenade (km 0,8), Kleinbahndamm (km 1,2), Steg (km 1,8), am See (km 3,4), Farchauer Mühle (km 3,7), Liegewiese (km 5)
👪	Schwimmbad, viele Möglichkeiten zum Baden und Spielen am See, Spielplätze an der Kurpromenade und der Farchauer Mühle, Minigolf, Waldlehrpfad, Kanufahren (☞ Tour 3), 400 m auf wenig befahrener Fahrstraße, am Ende an verkehrsreicher Straße im Stadtviertel St. Georg auf Fußsteig, Ampel zur Querung der stark befahrenen B208
🚼	problemlos
🐕	mehrere Trink- und Badestellen am See, einige Mülleimer, wenig Asphalt, Leinenpflicht im Kurpark, Hunde an den öffentlichen Badeplätzen nicht erlaubt

🅿 Parkplatz am Start/Ziel. Alternativ können Sie vom Parkplatz Schlosswiese an der B208, GPS N 53°41.973' E 010°45.877', starten. Beide sind gebührenpflichtig (8:00-18:00 € 0,50/30 Min., Tageskarte € 4). Gebührenfrei sind der Parkplatz Sedanwiese im östlichen Stadtgebiet von Ratzeburg, GPS N 53°41,808' E 10°47,148', oder der Parkplatz der Farchauer Mühle, GPS N 53°40.664' E 010°45.624'.

🚌 Stadtbus-Linie 8750 Ratzeburg–Mölln, Mo-Sa tagsüber jede Std., So alle 2 Std., vom Bahnhof Ratzeburg Anschluss mit Zug und Bus in alle Richtungen

Auf der Wasserseite des 🅿 **Parkplatzes Unter den Linden** befindet sich das Rathaus mit der Touristeninformation. Im Barockgarten des Innenhofes und am Ufer warten etliche 🪑 Bänke mit 📷 wunderbaren Blicken über den Ratzeburger See auf Gäste.

ℹ Touristeninformation Ratzeburg, Rathaus, Unter den Linden 1, 23909 Ratzeburg, ☎ 045 41/800 08 86, 🖥 www.ratzeburg-tourismus.de

Für Ihre Wanderung überqueren Sie die verkehrsreiche B208 an der Ampel und gehen durch den Kurpark zur Uferpromenade am **Großen Küchensee**.

✕ Hubertus am See, Seminarweg 2, 23909 Ratzeburg, ☎ 045 41/22 94, 🖥 www.hubertus-am-see.de, 🕐 11:30-18:00, Mo geschlossen, ab Nov. Di zusätzlicher Ruhetag, Jan und Febr. Betriebsferien, norddeutsche Küche zu moderaten Preisen, Seeterrasse mit grandiosem Ausblick über den Küchensee

Großer Küchensee

Der See ist 180 ha groß und 14,7 m tief. Damit ist der kleine Bruder des Ratzeburger Sees groß genug für eine Regattabahn. Der Ratzeburger Kanu Club veranstaltet regelmäßig Rennen. Ein Highlight ist dabei sicherlich das Drachenbootfest im Juni. Es ist ein grandioses Spektakel, wenn die 16 m langen und 250 kg schweren Boote mit dem farbenprächtigen Drachenkopf am Bug elegant über das Wasser flitzen, angetrieben von 16 Paddlern und einem Trommler.

Für Begeisterung unter den Zuschauern sorgen dazu die fantasievollen Kostüme. Zur Unterhaltung tragen auch die ausgefallenen Namen der Teams wie „Pink Pirates", „Pogeezer Spaßpaddler", „Presse-Turbo-Enten" oder „Lucky Punch" bei. Trainiert wird ganzjährig, egal, ob Wind und Regen den See aufpeitschen, Wellen die Boote ordentlich durchschaukeln oder der See einer spiegelglatten Badewanne gleicht. Nur Eis kann die Wassersportfans aufhalten.

In östlicher Richtung windet sich der Weg durch die gepflegte Gartenanlage am Seeufer entlang. Nach Süden reicht der ⛱ Blick über die gesamte Weite des Großen Küchensees. An kalten Regentagen können Sie sich im **Ratzeburger Hallenbad Aqua Siwa** (km 0,8) im geheizten Wasser aufwärmen. Im Sommer reizt dagegen bei gutem Wetter eher das benachbarte Freibad mit einem Tauchgang in den Seefluten. Ganz Mutige nehmen auch im Winter die „Schleuse" von drinnen nach draußen.

🏊 Aqua Siwa, Fischerstraße, 23909 Ratzeburg, ☎ 045 41/48 22,
💻 www.vereinigte-stadtwerke.de/baeder/ratzeburg, ⏰ Mo-Fr 6:00-9:00, Di-Fr 14:00-19:00, Mi und Fr bis 21:00, Sa 13:00-17:00, So 9:00-13:00, Erw. € 5, Kind € 3, Familienkarte € 12

♦ Freibad kostenfrei, im Sommer DLRG-überwacht

Der anschließende **Kleinbahndamm** wurde 1894 für eine Zugverbindung nach Ziethen und Mustin aufgeschüttet. Er teilte das Gewässer in den Kleinen Küchensee (auch als Stadtsee bezeichnet) und den Großen Küchensee. Die Kleinbahn rollt hier seit 1934 nicht mehr. Der Damm endet an einer Holzpforte unter einer Brücke in einer dunklen Waldschlucht (km 1,3).

Oben am rechten Ende der Holzbrücke versammeln sich die Wegweiser. Zumindest einer, wenn nicht alle, begleitet Sie bei jeder Wegänderung entlang des steil aufragenden, bewaldeten Osthanges. Ihre Richtung ist Mölln, Schmilau,

Weißer Saftporling

Farchau oder einfach Rundweg Küchensee. Auf dem flachen Ufersaum hat sich ein kleines ✿ Feuchtbiotop mit Erlenbrüchen, kleinen Quellen und Bächen entwickelt. Das ist der ideale Lebensraum für den Winterschachtelhalm. Größere Bestände der seltenen Art gedeihen am Wegesrand. Einige uralte Buchen dürften schon zu Zeiten der Napoleonischen Kriege hier gestanden haben. Die Gefechtslinien zogen sich damals von Süden über Mölln entlang der Steilhänge des Küchensees bis zur Ostsee.

Von den Wirren des Krieges ist auf dem in den Küchensee hineinragenden **Steg** (km 1,8) nichts zu spüren. Der ⼌ Rastplatz entpuppt sich als reizvoller Ruhepol, 〰 Badeplatz und 🄿 Aussichtsplattform. Wer weiter Wissenswertes über den Wald erfahren möchte, sollte die Wanderung mit einer Runde auf dem 2 km langen ↳ **Waldlehrpfad** (km 2,3) ergänzen. Nicht weit entfernt um die Ecke beim Seniorenheim Waldesruh erinnert ein mächtiger Granitfindling an den Lieblingsplatz von ⌘ **Generalfeldmarschall Graf von Moltke** ❶. Wenn er seine Schwester besuchte, spazierte er gerne auf diesem Weg zum damaligen Restaurant Waldesruh. Die Daten 1853-1888 geben sein erstes und letztes Gastspiel an. Den Blick auf den See verdeckt leider der dichte Wald.

↳   Sobald sich der Waldlehrpfad vom Seeweg nach links abtrennt, bietet sich dort ein Abstecher (km 3,3) zum Elektrizitätswerk und **Schaalseekanal** (☞ Tour 7) an.

Entlang des Ufers überspannt eine **Brücke** (km 3,5) den romantisch verwilderten Abfluss des Schaalseekanals. Bei der Anlegestelle versteckt sich die **Farchauer Mühle** ❷ (km 3,8) abseits des Sees hinter einem Schilfgürtel im Wald.

Farchauer Mühle

Die erste Farchauer Wassermühle gab ihren Einstand im Jahr 1582 als Walkmühle. Dabei wurde unter fließendem Wasser mit Hämmern auf das Tuch eingedroschen. Die maschinelle Verarbeitung, Verdichtung und Veredelung von Geweben endete mit dem Umbau zur Graupenmühle. Graupen sind die geschälten Mehlkörper der Wintergerste, die früher häufig auf dem Speiseplan standen. Das Wasser zum Antrieb der Mühlenräder kam aus einem Teich, in dem das Quellwasser der Hänge aufgefangen wurde. Heute ist er Wohnstätte für Schwäne. Eine kleine Holzterrasse ragt in das Naturrefugium der Sonderklasse hinein.

1850 erhielt die Mühle erstmals die Schankerlaubnis. Während das Mahlen immer mehr an Bedeutung verlor, wurde das Geld mit der Gastwirtschaft verdient. Vor etwa 100 Jahren wurde der Mühlenbetrieb aufgegeben und das Gebäude zum Ausflugslokal umgestaltet. Lange Jahre legten hier die Dampfer an und brachten bis 1960 zahlreiche Tanzfreudige über den Großen Küchensee zur Farchauer Mühle. Vor 10 Jahren wurde der Fährbetrieb noch einmal mit einem modernen Schiff aufgenommen. Es konnte wegen seiner schmalen Breite von 4,80 m und geringer Höhe den engen Verbindungskanal zum Domsee und die niedrigen Brücken zentimetergenau meistern. Dennoch war 2017 Schluss. Es lohnte sich einfach nicht.

✕ Farchauer Mühle, Farchauer Mühle 6, 23909 Ratzeburg/Farchau, ☎ 045 41/860 00, 🖥 www.farchauer-muehle.de, 🗍 April-Okt. tgl. ab 11:00, Nov.-März Di-So 12:00-21:30, bekannt für frischen Fisch und Wild, hausgebackenes Mühlenbrot, verwendet werden Produkte aus der Region und Kräuter aus dem eigenen Garten, Kinderstühle und Wickeltisch vorhanden, zu empfehlen

☕ Mühlencafé, 🗍 April-Okt. 14:00-18:00, Sa/So/feiertags 12:00-18:00, Nov.-März Mo geschlossen, leckere selbst kreierte Torten und Kuchen, verschiedene Kaffeesorten zur Auswahl von einer Rösterei aus Hamburg, bei Regen kann man kuschelig vor dem Kamin sitzen, Biergarten mit Spielplatz, idyllische Terrasse am Mühlenteich, Kinderstühle, kein Wickeltisch

Nun müssen Sie der Ausschilderung St. Georgsberg/Ratzeburg folgen. Am Südende des Sees passieren Sie eine weitere Mühle mit Mühlenteich. Sie tat in Farchau von 1661 bis 1851 ihren Dienst als ⌘ **Papiermühle** (km 4,1). Die beiden Wasserzeichen Lilie und Blumenstrauß an der Hauswand zeugen davon. 1813 stellten die deutschen Truppen dort während der Napoleonischen Kriege gerne mal ihre Wachposten auf. Mittlerweile ist das Baudenkmal ein Ferienhof.

Auf der Westseite setzt sich nahebei der Fernwanderweg mit dem weißen X nach Süden ab. Der Rundwanderweg umkurvt ein nach Norden vorspringendes Plateau. Von der Fahrstraße ist von der etwa 60 mal 40 m großen Fläche zwischen Wällen nichts zu sehen. Sie müssten einmal vom 🅿 Parkplatz (km 4,4)

Herbstfärbung am Küchensee

hinaufmarschieren. Einst hat eine ⌘ **Befestigungsanlage** der Slawen dort Wache gehalten. Als Farchau 1158 Bischofssitz wurde, setzen die Ratzeburger Bischöfe ihre Residenz an deren Stelle. Die Ziegel des Schlosses Farchau wurden dann im 16. Jh. für den neuen Bischofssitz am Dom in Ratzeburg verbaut. Am Ende des Villengrundstücks mit Gitterzaun, das gut in einem Gruselfilm mitspielen könnte, kehrt der Rundwanderweg zum Großen Küchensee zurück.

≋   Am beliebten Badeplatz **Farchauer Liegewiesen ❸** (km 4,9) kann nach vorheriger
    Anmeldung beim Forsthaus ein Lagerfeuer entfacht oder gegrillt werden.
    ♦ Revierförsterei Ravenskamp, Giessensdorfer Str. 21, 23911 Harmsdorf,
    ☎ 045 41/33 21

Auf halbem Weg im Wald klettert eine Treppe den Hang zu einem malerischen ⛩ **Rastplatz** (km 6,1) unten am Seeufer hinab. Eine mit Steinmauern eingefasste Quelle plätschert dort fröhlich in die Becken. Die 🖼 Aussicht über den Küchensee ist fantastisch. Bald umrahmen die Villen und Seegrundstücke von St. Georgsberg den Weg. Schließlich mündet der Fußweg in die **Möllner Landstraße** (km 6,9). Links am Berg liegt das alte Stadtviertel St. Georgsberg mit einigen sehenswerten Häusern und steilen Kopfsteinpflasterstraßen. Ein Aufstieg lohnt sich auch zur Kirche und zum Friedhof. Hinab geht es zum **Stadtzentrum** (☞ Tour 2). Am Minigolfplatz (km 7) vorbei biegen Sie nach rechts zur Kurpromenade beim Start ab.

➎ Mechower See: Der Grenzweg

✕ ⚶ ⚒ 〰 ⌘ ✝ ✿ ⛏

Tour für Geschichtsbegeisterte, Natur- und Vogelfreunde   ⋔ ⋔⋔ 🦌 🦌 🐕

Der Mechower See nordöstlich von Ratzeburg war lange Zeit zweigeteilt. Die Ostseite mit See war durch die deutsch-deutsche Grenze abgeschottet. Am West-ufer hatte die Bundesrepublik das Sagen. Nur die Wasservögel hatten ungehin-derten Zutritt. Das Vogelparadies lässt sich heutzutage wunderbar beobachten. Packen Sie unbedingt ein Fernglas unbedingt ein. Die vormalige Grenze zieht nun als Grenzweg die Touristen an. Zahlreiche Schautafeln, originale Teile der Grenz-befestigung und das Museum Grenzhus erzählen die unfassbare Geschichte dazu.

↻   Start/Ziel: Grenzhus, Neubauernweg 1, Schlagsdorf,
     GPS N 53°43.762' E 010°49.396'

➲   9 km

⧖   2 Std. 50 Min.

↑↓   31 m/31 m

⇧   0-51 m

✎   grün-weiße Wanderwegweiser, viele Infoschilder für alles Wissenswertes über die innerdeutsche Grenze und die Natur

⚒   Hauptsächlich profitieren Sie von den gut begehbaren Feld- und sandigen Uferwe-gen. In den Orten Mechow und Schlagsdorf erwarten Sie kurze Asphaltstrecken. Nicht immer ist an den verkehrsarmen Dorfstraßen ein Bürgersteig vorhanden. An der stark befahrenen Landstraße L01 am Südostende des Mechower Sees nach Wietingbek können Sie auf den Radweg ausweichen. Die letzten 550 m vor Schlags-dorf wurde ein Betonplattenweg angelegt. Die größtenteils schattenlose Tour emp-fiehlt sich nicht für heiße Sommertage.

✕   Grenzhus am Start/Ziel

⚶   Bänke (km 0,9, km 6,6, km 8)

⚒   Bäckerei bei der Kirche in Schlagsdorf nahe dem Start/Ziel, Imker nach 450 m kurz vor dem Außengelände des Grenzhus, Hofladen in Mechow (km 5,9)

〰   Mechower See Ostseite (km 1,3), vor Wietingbek (km 3,2)

⋔   Bademöglichkeit am Mechower See, Vögel beobachten, spannendes Grenzmu-seum, Landstraße L01 zweimal zu queren, auf der Westseite des Sees hinter Mechow verkehrsarme sandige Fahrstraße

🚲   650 m auf grasüberwachsenem Feldweg zu schieben, ansonsten problemlos

🐕   mehrere kurze Ausläufe auf den Feldwegen außerhalb des Uferbereichs möglich, Leinenpflicht im Naturschutzgebiet am Mechower See, an den öffentlichen Badeplätzen sind Hunde nicht erlaubt, keine Gelegenheit, an den dicht bewachsenen Ufern Wasser zu fassen, Trinkwasser für die Tour einpacken, mehrere Mülleimer unterwegs

🅿   Parkplatz am Start/Ziel. Alternativ können Sie vom Wanderparkplatz an der L01 am See östlich von Wietingsbek, GPS N 53°42.775' E 010°50.350', starten. Beide Parkplätze sind gebührenfrei.

🚌   Haltestelle Schlagsdorf, Linie 146, von Schönberg Hbf. nach Schlagsdorf frühmorgens an Schultagen Mo-Fr, von Schlagsdorf nach Schönberg Hbf. an Schultagen Mo-Fr 2x nachmittags mit Anrufbus (☎ 08 00/634 62 87, 1 Std. vor Abfahrt bestellen), 🖥 www.nahbus.de. Von Schönberg Hbf. haben Sie stündlich Anschluss nach Lübeck.

🚗   Taxi Käßler, ☎ 03 88 21/672 05 oder 📱 01 70/541 40 00

Das Grenzhus

Das Grenzhus ist im alten Pächterhaus von 1796 der Domäne **Schlagsdorf** untergebracht. In dem ansehnlichen Fachwerkgebäude wird der Wandel der ehemaligen DDR-Grenze zwischen Ostsee und Elbe aus der Sicht der Menschen dargestellt. Wie war das Leben im Grenzraum von 1949 bis 1989 und noch danach? Es ist die Rede von Zwangsaussiedlungen, geschleiften Dörfern, Fluchten, aber auch vom Lebensalltag in Diktatur und Demokratie sowie vom Dienst an der Grenze. Spannende Schicksale und Berichte von Zeitzeugen sowohl aus Ost und als auch aus West und viele interessante Exponate machen einen Besuch zu einem unvergesslichen Erlebnis.

Ein Stück alte DDR-Grenze als Museum in Schlagsdorf

⌘   Grenzhus, Neubauernweg 1, 19217 Schlagsdorf, ☎ 03 88 75/203 26,
       💻 www.grenzhus.de, 🕐 Mo-Fr 10:00-16:30, Sa/So 10:00-18:00, Nov.-Febr. So/Sa
       10:00-16:30, € 4, ermäßigt € 3, Lesungen, Vorträge, geführte Radtouren von Ratze-
       burg nach Schlagsdorf (April-Okt. 1x monatlich, Erw. € 10, Kinder gratis), öffentliche
       Führungen in den Sommer- und Herbstferien (Mi 15:00 und Sa/So 14:00) zum Ein-
       trittspreis des Museums

✗   Café Grenzstein im Grenzhus, ☎ 03 88 75/207 36, 💻 www.cafe-grenzstein.de,
       🕐 Mai-Sept. Mi-Fr 12:00-16:30 und Sa/So/feiertags 12:00-18:00, Okt.-April Mo-Fr
       nach Absprache, Sa/So/feiertags 12:00-17:00, Biergarten, Mittagstisch, selbst ge-
       machte Kuchen und Torten

Vom **Museum** ausgehend wurde ein Grenzparcours entwickelt – ein Nord-
und Südteil. Entlang dieses Weges auf der ehemaligen Grenzlinie wurden 14
Informationstafeln aufgestellt, auf denen die historischen Geschehnisse, der Auf-
bau der Grenzsperranlagen und Wissenswertes über die Landschaft um den
Mechower See nachzulesen sind. Sie fangen mit dem Südteil an. Mit der Kirche
im Rücken laufen Sie zum Dorf hinaus. Ein Schild weist nach links zur **Außen-
anlage Grenzhus** (km 0,6) am Dorfrand.

Beim Anblick der nachgebauten Grenzanlage mit Schutzstreifen, Wachturm
und Streckmetallzaun wird einem mulmig zumute. Nahtlos fügt sich am Ortsaus-
gang ein grasüberwachsener Feldweg an. Am nächsten T-Kreuz 150 m weiter

fehlt ein Schild. Nach rechts steigen Sie allmählich entlang einer Baumreihe aufwärts. Schlagsdorf liegt in einem Grundmoränengebiet. Auf der Ostseite des
Mechower Sees ist ein Querrücken zu überwinden. Auf halber Strecke kann auf
einer ⍺ Bank mit Mülleimer verschnauft werden. Vom höchsten Punkt öffnet sich
ein 🏞 Panoramablick über die Felder: Im Osten liegt Schlagsdorf, im Süden
Schlagbrügge, im Westen geht der Blick über den Mechower See zu den Spitzen
des Ratzeburger Doms, im Norden sehen Sie das Blätterdach des Mechower Hol-
zes. Unten am **Mechower See** gehen Sie an der Kreuzung noch ein paar Schritte
geradeaus steil abwärts. Erst beim Uferweg (km 1,2) steht ein Wegweiser.

Nach rechts sind es 140 m bis zum 🌊 **Badeplatz von Schlagsdorf** mit klei-
nem Sandstrand, Steg mit 🏞 reizvollem Blick übers Wasser, Liegewiese und
Mülleimer. Nach links nimmt Sie der **Grenzweg** auf eine Zeitreise mit. Von der
einstigen furchteinflößenden Grenze ist in der heutigen friedlichen Landschaft
allerdings nichts mehr zu erahnen. Der Grenzstreifen wandelte sich zum **Grünen
Band** (☞ Einleitung). Linker Hand ist ein Knick, rechts versperren dichte Erlen-
und Weidengebüsche den Blick aufs Wasser. Im ⚘ Naturtunnel herrscht grünes
Dämmerlicht. Im feuchten Uferbiotop quaken Frösche um die Wette, Heuschre-
cken springen über den Weg, Wespenspinnen mit ihrem auffälligen gelb-weiß-
schwarzen Hinterleib lauern in den Netzen auf Beute.

Am 🅿 **Wanderparkplatz an der L01** (km 2,9) zeigt der Wegweiser Ihre Richtung um den Mechower See herum nicht an. Zwischen den Infotafeln führt ein
Trampelpfad nach rechts im Bogen durch den Uferstreifen nach 80 m zur Landstraße. An dieser Stelle gestaltet sich der Übergang zum Radweg auf der anderen
Seite am einfachsten. Nach 200 m liegt rechter Hand die 🌊 **Badestelle** mit
einem malerischen 🏞 Ausblick über den See. Linker Hand breitet sich das Naturschutzgebiet Lankower See aus.

In **Wietingsbek** (km 3,5) zieht der westliche Uferweg an der alten **Fischerkate**
vorbei Richtung Mechow. Vor dem Bach **Bäk** knickt er nach Westen ab. Häufig
versammeln sich dort Vogelkenner. Insbesondere Zugvögel wie Enten und Gänse
legen im **Feuchtgebiet** ❶ links des Weges eine Rast ein. Über eine kleine Brücke
wandern Sie nach **Mechow** ❷ (km 5,4) hinein. Um das schmucke Gutshaus
herum und an einer erstaunlich großen reetgedeckten Vierständerscheune vorbei
marschieren Sie durch das Dorf.

Gut Mechow

Neben der historischen Gutsanlage mit Torhaus, Pferdestall, Pächterwohnhaus
und Vierständerscheune macht vor allem der kleine ländliche Gutspark auf einer

nördlichen Anhöhe das Kulturdenkmal zu einem Kleinod. Er wurde Anfang des 19. Jh. angelegt. Der Hauptgang wird von einer Hainbuchenhecke begleitet. Er endet am Obstgarten. Der L-förmige Außenbereich umfasst ein Arboretum mit Traueresche, Kastanie, Robinie, Blutbuche und Platane. Besonderheiten sind ein Tulpenbaum, eine nordamerikanische Hickorynuss sowie als jüngster Exot eine Araukarie. Als mächtige Baumkönige schauen eine Esskastanie und eine sogenannte Siegeseiche (gepflanzt 1871) herab. Auch drei ausgewachsene Lindenlauben, die im Norden und Westen die ehemaligen Gartenwege abschließen, beeindrucken mit ihrer Größe. Das gesamte Gutsensemble orientiert sich am Stil des Baumeisters David Gilly (1748-1808), der die preußische frühklassizistische Landbauschule begründete.

Alte Gutsanlage in Mechow

Vor **Janssens Bauernhof** (km 5,9) treffen Sie auf den Abzweig nach Schlagsdorf.

Janssens Bauernhof, Hofladen, Am Brink 5, 23909 Mechow, ☎ 045 41/71 03, 🖳 www.hofladen-janssen.de, 🕗 Mo-Sa 8:00-12:00, Di-Fr zusätzlich 15:00-18:30, Eier, Geflügelprodukte, Kartoffeln und Selbstgemachtes

Aussichtsturm am Mechower See

Unten am See können Sie an der **Bucht** (km 6,6) mit ⊼ Bank innehalten, die Kleinvögel im Röhricht beobachten und die 🛈 Aussicht auf das Ostufer genießen. Der Redder schwenkt nun nach Norden. Als Blickfang steht eine Reihe von knorrigen und teilweise bizarr gespalteten Kopfpappeln am Wegesrand Spalier. Eine Lücke im Knick linker Hand kündigt den Zutritt zum 🛈 **Aussichtsturm ❸** (km 7,3) an. Vom Seeadlerbeobachtungsposten öffnet sich ein fantastisches Panorama über den Mechower See. Im Blau des Sees springt gegenüber eine kleine, helle Geröllinsel am Nordende ins Auge. Das ist die sogenannte Seeräuberinsel.

Seeräuberinsel

Ihren Namen erhielt die Insel von der Schlagsdorfer Jugend, die früher hier ihr Seeräubernest hatte und von dort ihre Raubzüge mit dem Schlauchboot in die Gärten von Mechow startete. Tatsächlich haben Raubzüge hier Tradition. Im 13. Jh. hauste ein gefürchteter Raubritter in der Gegend. Auf der viel benutzten Straße zwischen Ratzeburg und Schönberg knöpfte Ritter Johann Rybe bei Schlagsdorf den Lübecker Kaufleuten seinen „Wegezoll" ab. Seine Burg soll 100 m entfernt von der Insel am Ufer gestanden haben. Der Burghügel ist noch zu erkennen.

Der Redder umrundet nun das Nordende des Sees. Früher endete die Welt hier. Schlagsdorf lag im Sperrbezirk und war nur mit speziellem Passierschein zu betreten. Eine alte Steinbrücke, die Aalkistenbrücke, überspannt den **Grenzbach** (km 7,8). Danach erhebt sich die Grundmoräne auf dem Ostufer vor Ihnen. Wenn der Anstieg halb geschafft ist (km 8), können Sie rechter Hand bei einer 🅃 Bank verpusten. Auf dem Betonplattenweg im Redder geht es weiter aufwärts zum höchsten Punkt, wo der Weg scharf nach Süden abbiegt und sich sanft hinab nach **Schlagsdorf** schlängelt.

🚉   Backshop Kleinfeldt, Hauptstr. 13 A, 19217 Schlagsdorf, ☏ 03 88 75/209 71,

🏳 So offen, vor der Kirche nach links abbiegen, ca. 130 m

Unterhalb des Kirchengeländes gelangen Sie wieder zurück zum **Grenzhus**.

Die Schlagsdorfer Kirche

Die Dorfkirche in Schlagsdorf ist eine der ältesten Kirchen in ganz Norddeutschland. Das spätromanisch-frühgotische zweischiffige Hallengebäude wurde bereits 1158 urkundlich in der Siedlung Villa Zlavti erwähnt. Der massive Bau könnte vom Aussehen her auch ein verkleinerter Nachbau des Ratzeburger Doms sein. Bemerkenswert ist die funktionstüchtige Kirchenuhr im Westturm, die zu den ältesten in Mecklenburg zählt.

Das Innere schmücken einige Kostbarkeiten wie der spätgotische Geweihleuchter mit der Figur des heiligen Georg. Besonders stolz ist die Kirchengemeinde auf die drei Glocken. Die größte ist ein Machwerk der Lothringer Glockengießer Woillo und Gabe, die eine Heimat in Lübeck fanden, aus dem Jahr 1649. Die zweite wurde 1578 kunstvoll gegossen. Die dritte und älteste entstand 1559 im russischen Nowgorod und wurde 1617 von einem Lübecker Kaufmann erworben. Ein absolutes Unikum ist die „Gerichtslinde" auf dem Friedhof. Sie soll sogar noch älter sein als die Kirche. 1518 fanden unter ihrem Blätterdach Versammlungen der Bauern statt. Ihr Umfang beträgt heute mehr als acht Meter.

Die letzte Legende stammt aus der Zeit der DDR. Die westseitigen Turmfenster sind alle zugemauert. Im Dorf kursiert das Gerücht, dass damit eine geplante Flucht verhindert werden sollte. Tatsächlich sind über den Kirchturm mal zwei Jungs in die BRD entkommen. Aber ob deswegen die Fenster dicht sind, weiß keiner so genau.

❻ Berkenthin und Behlendorfer See

Tour für Kulturbegeisterte und Naturfreunde

Einerseits stoßen Sie im Barthelsbusch und im Behlendorfer Forst auf fabelhafte Wälder mit üppiger Flora und Fauna. Andererseits durchstreifen Sie am Elbe-Lübeck-Kanal von Berkenthin nach Behlendorf reizvolle Dörfer. Behlendorf erhielt sogar mal den Titel des schönsten Dorfs Schleswig-Holsteins. Rund um den Behlendorfer See sprudeln an jeder Ecke interessante Begebenheiten, Kultur und Natur hervor.

↻   Start/Ziel: Wanderparkplatz an der B208, GPS N 53°43.296' E 010°40.656'. Bei Anreise per Bus können Sie alternativ von der Haltestelle in Berkenthin starten, GPS N 53°43.873' E 010°38.995'.

➲   18,1 km

⧗   4 Std. 30 Min.

↑↓   216 m/216 m

⇧   4-80 m

✎   Rote Schnecke, weißes X des Fernwanderwegs E1/E6/E9, grün-weiße Radwegweiser, Infotafeln. Ab Behlendorf ist die Wanderstrecke nicht mehr ausgeschildert. Sie ist aber nicht so schwer zu finden. Es gibt nur wenige andere abgehende Wege.

⛲   Überwiegend führt die Tour über Feldwege und einsame Land- und Dorfstraßen. Aber auch längere, sehr schöne Waldwege bringen Ihnen eine bemerkenswerte Naturfülle nahe. Das Gelände entpuppt sich für schleswig-holsteinische Verhältnisse als recht bergig. Das Westende des Behlendorfers Sees kann im Uferbereich stellenweise etwas sumpfig sein. Im Wald östlich des Sees versuchen Brombeerranken sich im dichten Gestrüpp in der Kleidung zu verhaken.

✕   Berkenthin (km 4,9), Behlendorf (km 9,9)

⍍   Der Behlendorfer See ist mit Bänken gut bestückt (km 9,5 bis 13,2), ansonsten unterwegs mindestens alle 2-3 km. Rastplatz (km 12,3)

🏛   Berkenthin im Zentrum westlich des Kanals (km 4,9 + ⇆ 2 km extra), Straßenstand (km 6,7) und Hofladen (km 6,8) in Hollenbek

🏊   Behlendorfer See (km 9,9, km 11,4)

👪   Spielplatz Meier's Gasthof in Berkenthin, baden und spielen am Behlendorfer See, Brombeeren pflücken im Herbstwald, längere verkehrsarme Straßenabschnitte ohne Gehweg, mehrmals stärker befahrene Land- und Dorfstraßen zu queren

🐾 Der Weg ist größtenteils problemlos mit Buggy machbar, 1,8 km entlang des Südufers verlaufen zunächst auf Grasweg. Oberhalb des Sees ist der sehr schmale, wurzelige Pfad dann im Gebüsch für Buggys nicht geeignet. Es gibt leider keine Alternative, außer Sie schneiden im Kreisforst die Runde um den Behlendorfer See ab.

🐕 Im Kreisforst gilt Leinenpflicht. Etwas Auslauf ist möglich auf den Feldwegen vor Berkenthin und bei Kulpin sowie am Nordende des Behlendorfer Sees. Am öffentlichen Badeplatz sind Hunde nicht erlaubt. Trinkgelegenheiten gibt es am Elbe-Lübeck-Kanal in Berkenthin und am Behlendorfer See, für Anfang und Ende der Tour sollten Sie Wasser mitnehmen. Mehrere Mülleimer unterwegs

🅿 Parkplatz am Start/Ziel. Alternativ können Sie vom Parkplatz an der Kirche in Berkenthin, GPS N 53°43.832' E 010°38.890', oder am Badeplatz in Behlendorf See, GPS N 53°42.153' E 010°40.376', starten. Alle Parkplätze sind gebührenfrei.

🚌 Haltestelle Kirchenstraße in Berkenthin, Linie 8770 Mölln–Kronsforde, Mo-Fr tagsüber alle 1-2 Std., oder Linie 8740 Ratzeburg–Bad Oldesloe, Mo-Fr alle 2 Std., ab Mölln, Ratzeburg und Bad Oldesloe Anschluss per Bus in die nächstgrößeren Orte, in Mölln und Ratzeburg Anschluss an die Bahnstrecke Lüneburg–Lübeck, in Bad Oldesloe an die Bahn nach Hamburg

Vom 🅿 **Wanderparkplatz** an der B208 geht es Richtung Groß Disnack/Berkenthin nach Norden in den ❀ **Barthelsbusch** hinein. Im Laubmischwald kommen viele Edellaubhölzer wie Esche, Kirsche, Ahorn, Buche und Eiche vor. Auf dem besonders fruchtbaren Boden, nämlich abgelagertem Geschiebemergel der letzten Eiszeiten, gedeihen im Frühjahr Buschwindröschen und Himmelsschlüssel. Auf den breiten Wegrändern reckt sich in Massen das gelb blühende Große Springkraut der Sonne entgegen. Links und rechts der Forststraße liegen im Gehölz verstreut moorige Wassersenken – die ❀ **Sölle** ❶.

Soll

So ein Soll ist ein typisches Relikt aus der Eiszeit. Diese Toteislöcher entstanden, wenn größere Eisblöcke nach dem Rückzug des Gletschers liegen blieben. Weil sie mit Schmelzwassersanden bedeckt waren, tauten sie unter dem Sonnenschutz nur langsam ab. Das aufliegende Sediment sank langsam ein. Wassergefüllte, oft inzwischen versumpfte Vertiefungen blieben zurück.

Immer geradeaus queren Sie hinter der 🛈 Infotafel Bartelsbusch in einem tiefen, künstlichen Taleinschnitt die einstige ⌘ **Kaiserbahn** ❷ (km 1,1).

Kaiserbahn

Mittels der Trasse von Hagenow über Ratzeburg nach Bad Oldesloe konnte Ende des 19. Jh. auf kürzestem Wege per Bahn von Kiel nach Berlin gefahren werden. Neben dem Nord-Ostsee-Kanal war es eines der bevorzugten Projekte von Kaiser Wilhelm II., der auf ihr häufig verkehrte. Daher ergab sich der Name – Kaiserbahn. Weil er die Strecke quasi auf der Karte mit Lineal ohne Rücksicht auf vorhandene Begebenheiten geplant haben soll, gab es viele Brücken. Diese wurden oft nur gebaut, damit der Bauer von Feld zu Feld kam.

Bis 1945 ratterten bis zu 60 Züge täglich vorbei. Der Niedergang der Bahn begann spektakulär im letzten Kriegsjahr. Im Bahnhof Hollenbek wurde ein Munitionszug von Bomben getroffen. Die gewaltige Explosion riss einen enormen, bis zu 12 m tiefen Krater in den Boden. Einige Teile wurden bis zu 1 km weit durch die Gegend katapultiert. Ein Waggon verkeilte sich oben im Baum. Da hängt er noch heute und wurde von der Erlebnisbahn Ratzeburg (☞ Tour 2) zum Baumwaggonhotel ausgebaut. Nur bei Hagenow wird noch etwas spärlicher Güter- und Personenverkehr betrieben.

Die Bahnstrecke ist über die Zeit völlig zugewuchert. Der lichtdurchflutete Talgrund verfügt über eine ungeheure Artenvielfalt – vor allem im Kleinen. Die rosafarbene Wilde Platterbse ist ein entzückendes 📷 Fotomotiv. Eine farbenprächtige gelb-orange-schwarze Raupe vom Nachtfalter Mondvogel kriecht vielleicht vor Ihre Füße. 🖐 Vorsicht, die Körperhärchen sind giftig und können allergische Reaktionen verursachen. Libellen und Schmetterlinge tanzen in der Sonne. Der feuchte Tau macht den Schleier aus Spinnennetzen auf den Pflanzen sichtbar. Verschiedene Schnecken dekorieren die Blätter. Weiter aufwärts biegen Sie bei der 🛈 **Infotafel Eiszeit** (km 1,3) nach Berkenthin ab.

Am blumenreichen Wegesrand können im Herbst Brombeeren gepflückt werden. Schnurgerade senkt sich der Weg immer stärker ab, überquert unten in der Kurve den Bach **Wohlbek** (km 2,1) und schwingt sich wieder durch den Wald hinauf. Entlang der nun grob gepflasterten Straße hat sich der Aronstab ausgebreitet. Die Blüten locken Insekten mit einem intensiven Geruch nach Aas an. Der Stab schmückt sich dann bei Reife mit roten, perlenartigen Beeren.

Am Waldrand (km 2,5) schlendern Sie gemächlich den Redder hinab. Disteln und mächtige Eichen fallen hier auf. Weit schweift der 📷 Blick nach Süden über die sanft abfallende Knicklandschaft. Geradeaus ist bereits die Kirchturmspitze von **Berkenthin** zu sehen. An der B208 (km 4,4) im Ort orientieren Sie sich mit dem Radschild Richtung Zentrum. Nach 150 m befindet sich beim Abzweig in

der Kurve die  **Bushaltestelle**. Der dortige Hack's Gasthof wurde geschlossen. Nicht weit entfernt erhebt sich in der entgegengesetzten Richtung die ✝ **Kirche** ❸ am Kanal.

Maria-Magdalenen-Kirche

Die um 1230 erbaute frühgotische Kirche ist das älteste Gebäude in Berkenthin. Die farbenfrohen mittelalterlichen Fresken, ein Kruzifix aus dem 14. Jh., ein barockes Gestühl aus der Zeit um 1600 und der Altar von 1686 lohnen einen Besuch. Vor allem gewinnt sie als Kirche der Stecknitzfahrer an Bedeutung

(☞ Tour 20, Stecknitzkanal). Die Flussschiffer von den Salzkähnen nahmen dort am Gottesdienst teil. Sie besaßen sogar ihr eigenes Kirchengestühl und ihre eigenen Begräbnisstätten. Auf dem Friedhof stehen runde Steine mit den Zeichen der Zunft – zwei gekreuzten Werkzeugen, einem Stab zum Staken und einem „Enterhaken" zum Heranziehen ans Ufer. Die Patronin der Stecknitzfahrer war Maria Magdalena und ihre Zunft trug auch den Namen Maria-Magdalenen-Bruderschaft.

🗋   in den Sommermonaten tgl. 9:00-16:00

Die Maria-Magdalenen-Kirche in Berkenthin

Ein kurzer Abstecher führt an der Friedhofsmauer entlang zum ⌘ **Elbe-Lübeck-Kanal** (ELK) (km 4,8) (☞ Tour 21) hinab. Über die mehr als 100 Jahre alte Kirchsteigbrücke gelangen Sie auf das Westufer und in das Zentrum von Berkenthin.

✗   Meier's Gasthof, Am Schart 10, 23919 Berkenthin, ☎ 045 44/312,
        🖳 www.meiers-gasthof.de, 🗋 Okt.-April Di und Fr 17:00-21:00, Sa/So 11:30-21:00,
        Mai-Sept. Fr-Di 11:30-21:00, gute, preiswerte deutsche Küche, Hunde nur draußen
        auf der Gartenterrasse geduldet, Kinderstuhl ja, Wickeltisch nein, Spielplatz
🏪   Markant und Penny ca. 1 km vom Kanal entfernt im Zentrum an der B208

Elbe-Lübeck-Kanal

Durch Berkenthin verliefen lange Zeit wichtige Handelswege. Die Händler auf der Via Regia (☞ Tour 19) fuhren bis 1741 von Mölln über Behlendorf durch den Ort nach Lübeck. Bereits vor dem ersten Kanal gab es eine Stauschleuse am Fluss Stecknitz. Auf dem folgenden Stecknitzkanal konnten nur Plattbodenschiffe ohne Kiel mit sehr geringem Tiefgang zum Salztransport eingesetzt werden. Die „nasse Salzstraße" war an manchen Stellen nur 50 cm tief. Ein Nachbau eines solchen Salzprahmes von vor rund 500 Jahren kann im Sommer zwischen Meier's Gasthof und der heutigen Schleuse am Westufer bewundert werden. Er trägt den Namen Maria Magdalena. ☺ Am Kanalufer regen drei sehr unterschiedliche Kunstwerke zu Diskussionen an: das gemauerte Brückendenkmal, das Eichenholz mit Motiven zu Wasser und der metallene Salzhering. Letzterer symbolisiert die Alte Salzstraße, auf der tonnenweise eingelegte Salzheringe transportiert wurden. Er wurde zur Marke der Region.

Zurück an der Kirche wenden Sie sich nach rechts aus dem Ort mit schmucken Backstein- und Reetdachhäusern hinaus. Auf den Koppeln der Umgebung weiden eher exotische Vierbeiner wie Wasserbüffel, Kamele, Zebras, verschiedene Esel und zottelige Highland-Rinder. Als vertraute Tiere staksen Störche über die Wiese. Oben an der Kreisstraße (km 5,9) nehmen Sie den Radweg nach rechts nach **Hollenbek** ❹ (km 6,7). Am Ortseingang endet der Radweg. Der breite Grasstreifen am Straßenrand dient als Ersatzgehweg.

🛒   Hofladen Miljes, Hollenbek 18, 23919 Behlendorf, OT Hollenbek, ☎ 045 44/517,
      🖵 www.hofmiljes.blogspot.com, 🕐 Do-Fr 9:00-13:00 und 15:00-18:00, Sa 9:00-
      12:00, Mai-Sept. Fr 9:00-18:00, Sa 9:00-12:00, Fleisch, Wurstwaren, Freilandgeflü-
      gel und Eingemachtes
◆   Gemüsestand mit Selbstbedienung

Am anderen Ende des verschlafenen Ortes mit pittoresken alten Häusern und hübschen Bauerngärten zweigt der Wanderweg nach links Richtung Behlendorf steil den Hang hinauf ab (km 7). Rebhühner flüchten auf der Asphaltstraße. Am Waldrand ermöglicht eine Lücke im Knick eine 📷 Fernsicht nach Norden bis zu den Türmen in Lübeck. Sie bleiben bis zur großen **Kreuzung** oben im Wald (km 8,2) auf der Straße.

Der breite Forstweg Richtung Behlendorf verliert nach Süden rasch an Höhe. Unten wird ein Bach gequert. Wenig später müssen Sie Ausschau nach dem

🛈 **Infoschild Schmetterlinge** bei der ⛱ Bank (km 8,7) halten. Dort beginnt der Seeweg nach links durch den sumpfigen und dschungelartigen Uferwald am **Behlendorfer See**.

Störche sind öfters in den Dörfern am Behlendorfer Seen zu sehen

In der üppigen Vegetation mit Pilzen, Farnen, Efeu und Moosteppichen leben Wildschweine. In den Buchten wachsen See- und Teichrosen. 🖐 Das Ufer ist Brut- und Laichzone für viele Tierarten und darf nicht betreten werden.

Am 🏊 **Badeplatz** (km 9,9) ist der 🛖 Kiosk nur im Sommer am Wochenende nachmittags geöffnet. Dort kehren Sie dem Wasser den Rücken zu und laufen auf der Straße nach **Behlendorf** hinauf. Bei den ersten Häusern haben Sie einen fabelhaften 📷 Blick auf die hügelige Jungmoränenlandschaft mit dem See. 1991 wurde Behlendorf zum schönsten Dorf Schleswig-Holsteins gekürt. Die ausgezeichnet restaurierten Bauernhäuser tragen vielfach noch ein Reetdach und erfreuen mit zauberhaften Blumengärten hinter den typischen Wällen aus Findlingen.

Im Zentrum (km 10,5) sind es ein paar Schritte nach rechts zur ✝ **Feldsteinkirche** ❺ aus dem 13. Jh. Der berühmteste Bewohner des Ortes ist hier begraben. Die Ruhestätte des Literaturnobelpreisträgers Günter Grass befindet sich hinter der Kirche mit schönem Blick auf das Gotteshaus. ✾ Vor dem Glockenturm trotzt seit 800 Jahren eine Eiche den Elementen. Das Naturdenkmal verliert jedes Jahr aus Sicherheitsgründen ein paar seiner Äste und sieht etwas gerupft aus.

Nach links trennen Sie sich nach 80 m von der Radroute Richtung Ratzeburg und setzen sich linker Hand in den Wiesengrund ab. Einen Steinwurf entfernt geht es geradeaus weiter in den Fischerweg. Nach dem letzten Haus auf der linken Seite führt ein Grasweg (Schild: Rad frei) durch Felder zum **Behlendorfer See** (km 11,2) hinab. Der Uferweg umläuft die südlichen Buchten. Die 🏊 Badestelle (km 11,4) besitzt einen guten 📷 Ausblick auf die ✾ Insel. Im dicht bewachsenen Ufergürtel wuchern Brennnesseln und Rotes Springkaut. Auffällig viele

Der Behlendorfer See

Libellen und Schmetterlinge schwirren herum. Sobald Sie am Fuß einer Erhebung einen Rastplatz oben am Hang erspähen, ignorieren Sie den schmalen Pfad geradeaus und steigen den breiteren Grasweg zum ⛰ **Rastplatz** ❻ (km 12,3) hinauf. Es ist ein grandioser 🔭 Aussichtspunkt mit Blick über den Behlendorfer See.

Von dort entführt Sie ein schmaler Pfad in den Wald. Entlang der Steilkante kämpfen Sie stellenweise mit den Brombeerranken. Am Waldrand passieren Sie das Gittertor von **Schloss Kulpin** (km 13,2). Von dem weinbewachsenen Herrenhaus mit seiner wechselvollen Biografie ist nicht viel zu sehen. An der ersten Kreuzung auf der Zufahrtsstraße wenden Sie sich nach links und wandern im Zickzack durch die Felder nach **Kulpin** (km 14,8). Sie verlassen das Dorf gleich wieder nach Westen auf den sanft ansteigenden Feldweg. Am Waldrand vom **Behlendorfer Forst** verlockt eine ⛰ **Bank** ❼ (km 16,4), die 🔭 Aussicht zurück nach Kulpin, Harmsdorf und Behlendorf im Westen in Ruhe zu genießen. Sie steht unter einer mächtigen Eiche, flankiert von einem gewaltigen Findling.

Nach links stößt der Waldweg erneut auf die **große Kreuzung** (km 16,7) und schließt so den Kreis um den Behlendorfer See. Nun nach Norden Richtung Berkenthin laufend passieren Sie im Waldgebiet erneut Sölle. Schließlich erreichen Sie die **B208**. Nahebei liegt rechter Hand der **Wanderparkplatz**.

Schaalseeregion

Am Pipersee locken Badestellen mit Baumsprungturm
(Tour 10)

⑦ Schaalseekanal   ✕ ⊼ ≋ ⌘ 🔳

Tour für Kanalbegeisterte   👪 👪 👶 🐕 🐕 🐕

Der Schaalsee ist mit dem Küchensee durch einen Kanal verbunden. Noch gilt der gemütliche Spaziergang auf seinem Uferdamm als Geheimtipp. Von Ihrer erhöhten Position genießen Sie herrliche Ausblicke über die malerische Landschaft. Und als i-Tüpfelchen erhalten Sie einen Abstecher zum bezaubernden Küchensee und zur romantisch gelegenen Farchauer Mühle (🔎 Tour 4) dazu.

⇆	Start/Ziel: Wanderparkplatz am Schaalseekanal, Salemer Straße, Salem-Schmilau, GPS N 53°39.587' E 010°47.255'
➲	7,1 km
⧖	1 Std. 50 Min.
↑↓	34 m/34 m
⇧	0-51 m
✎	größtenteils unmarkiert, grün-weiße Radwegweiser
🥾	Hauptsächlich laufen Sie auf dem grasigen Kanaldamm entlang. Am Küchensee stellen die gut ausgebauten Waldwege kein Hindernis dar.
✕	Farchauer Mühle (km 3,7)
⊼	Bänke (km 2,9, km 3,3, km 3,4), Rastplätze (km 2,2, km 5,2)
≋	Farchauer Mühle (km 3,6)
👪	Bademöglichkeit und Spielplatz an der Farchauer Mühle, Waldlehrpfad, kleines Wasserkraftwerk zu bestaunen, Kanutour möglich (🔎 Tour 10, Salemer See), stärker befahrene Landstraße L202 auf dem Hin- und Rückweg zu queren, hoher, steiler Damm am Stauwerk bei Farchau
👶	Buggy überwiegend auf Grasdamm zu schieben, Treppe zum Kanal hinauf auf dem Rückweg
🐕	ausgiebige Ausläufe auf dem Kanaldamm möglich, im Wald wegen der Radfahrer den Hund lieber an die Leine nehmen, zahlreiche Trink- und Bademöglichkeiten an Küchensee und Kanal, Mülleimer bei der Farchauer Mühle
🅿	Parkplatz am Start/Ziel. Alternativ können Sie vom Wanderparkplatz an der Ratzeburger Straße (L202), GPS N 53°40.482' E 010°46.311', oder vom Parkplatz der Farchauer Mühle, GPS N 53°40.664' E 010°45.624', starten. Alle sind gebührenfrei.
🚌	Zum Start/Ziel fährt kein Bus, aber Sie können die Tour am Kanal auch an der Haltestelle Farchau, Ratzeburger Straße (L202), beginnen. Linie 8750 Mölln–Ratzeburg,

Mo-Sa tagsüber alle 60 Min., So tagsüber alle 120 Min., in Mölln und Ratzeburg Anschluss mit Zug und Bus in alle Richtungen

Vom 🅿 **Wanderparkplatz** mit Übersichtskarte gehen Sie zunächst zurück zur Straßenbrücke (km 0,1) über den **Schaalseekanal** ❶. Auf der Ostseite beginnen Sie die Tour auf dem Uferdamm.

Schaalseekanal

Obwohl den Schaalsee und den Küchensee nur wenige Kilometer trennen, besteht ein Höhenunterschied von 30 m. 1909 wurde zum ersten Mal daran gedacht, das natürliche Gefälle zur Stromherstellung zu nutzen. Aber es dauerte noch einmal 14 Jahre, bis 1923 die Lauenburger das Schaalsee-Kraftwerk bewilligten. Aufgrund der damaligen Inflation wurde die fantastische Summe von 200 Billionen Reichsmark gezahlt! Der Kanal verbindet den Schaalsee über den Pfuhlsee, Piper See und Salemer See (☞ Tour 10 und 11) mit dem Küchensee. Tatsächlich ist die künstliche Wasserstraße nur 6 km lang.

Während rechter Hand noch etwas länger Wald die Aussicht versperrt, ergeben sich schöne 🔭 Weitblicke auf die andere Seite. Bei Windstille spiegeln sich Wolken, blauer Himmel und Bäume im Wasser. Insbesondere bei rotgoldener Herbstfärbung scheint alles in Flammen zu stehen.

Ein **Gedenkstein** ❷ (km 1,3) aus rotem Granit weist in einer kleinen Ausbuchtung bei einer Kanaltreppe

Am nördlichen Teil des Schaalseekanals

auf die Bauzeit des Wasserweges hin. Weil der Schaalsee, der den Kanal mit Wasser speist, zum Teil den Mecklenburgern gehörte, mussten die Lauenburger u. a. vertraglich zusichern, diese jährlich mit zwölf Zentnern Aalen oder deren Marktwert zu entschädigen. Die erste **Kanalbrücke** (km 1,5) ist in Sicht.

☹ Bei der zweiten **Kanalbrücke** (km 2,2) müssen Sie bei der Querung der stark befahrenen Landesstraße L202 zwischen Ratzeburg und Mölln aufpassen. Der ⊼ Rastplatz bei dem 🅿 Wanderparkplatz verführt wegen des Straßenlärms nicht unbedingt zum Verweilen.

Bei der Einsatzstelle können Kanuten auf dem Schaalseekanal eine Paddeltour anfangen (☞ Tour 10, Wassersport Morgenroth). Sie bleiben jedoch dem Ostufer in nördlicher Richtung treu. Die Dämme ragen schnell immer höher auf. Kurz vor dem Küchensee endet der Kanal am Wassereinlauf des ⌘ **Stauwehres** ❸.

Wasserkraftwerk Farchau

Das Wasser wird am Stauwehr durch 1,5 m dicke Rohre etwa über 100 m in das 30 m tiefer gelegene Turbinenhaus hinabgeleitet. Die HanseWerk Natur verfügt damit über das leistungsstärkste Wasserkraftwerk Schleswig-Holsteins. Im Jahr können 1 Millionen kWh erzeugt werden. Die Generatoren liefern eine Spannung von 11 kV, die direkt von dem umliegenden Netz aufgenommen werden können. Der Stromverbrauch von rund 200 Vier-Personen-Haushalten wäre somit abgedeckt. Außerdem wird mithilfe des Kanals der Wasserstand des Schaalsees reguliert.

100 m davor (km 2,8) steigen Sie auf einem Pfad die steile Böschung hinunter. Sie folgen unten aber noch dem Kanaldamm zu dessen Ende. Dort wenden Sie sich nach rechts in den Wald. Vor dem **Generatorhaus** ❹ (km 3) kommen Sie an eine Wegverzweigung. Rechts am Backsteingebäude vorbei betreten Sie den Waldlehrpfad Richtung Westen. Einen Steinwurf weiter entfernt ist nach links schon Farchau ausgeschildert. Der Waldweg schlängelt sich über den Wasserablauf vom Schaalseekanal zum Ufer des **Küchensees** (☞ Tour 4) mit schöner 🏞 Aussicht über das malerische Gewässer. Beim Kanusteg und der 🏊 Badestelle biegen Sie zur **Farchauer Mühle** ❺ (km 3,7) vom See ab.

✕   Farchauer Mühle, ☞ Tour 4

Am Mühlenteich mit idyllischer Terrasse geht es auf der Zufahrtsstraße nach links Richtung Ratzeburg. Bereits nach ein paar Schritten verlassen Sie direkt hinter den Teichen die Straße und wählen den Wanderweg weiter Richtung Ratzeburg. Dieser schlängelt sich zunächst am Mühlenbach entlang in den Wald hinein. Kurz vor der Wegverzweigung beim **Generatorhaus** (km 4,2) dürfen Sie die breite Fahrstraße nach rechts den Hang hinauf nicht verpassen (Schild: Anlieger frei). Sie schwingt sich zum Fuß des Kanaldammes hinauf. Am Umspannfeld vorbei können Sie auf einer Treppe zur Dammkrone (km 4,5) hinaufsteigen. Nun brauchen Sie nur noch auf der anderen Kanalseite den Rückweg zum 🅿 **Wanderparkplatz** am Startpunkt anzutreten.

✎   Wer gerne noch mehr Kanalkultur genießen möchte, kann die Dammtour nach Südwesten Richtung Salem verlängern. Beide Kanalseiten sind bis zur nächsten Brücke mit Stauwehr, die sich verträumt weiter hinten im Wald versteckt, begehbar. ⇆ etwa 2,3 km

❽ Auf dem Bauernweg   ✕ ⊼ ⌘ ❀ ▮

Tour für Geschichtsinteressierte und Naturfreunde   👨‍👩‍👧 🐕 🐕

Abenteuerlustige durchstreifen auf einer kleinen Tour durch Felder, Wälder und Wiesen die ländliche Schaalseeregion und das Woitendorfer Moor. Einen vielseitigen Einblick in das bäuerliche Leben vermittelt das interessante Sammelsurium des Agrarmuseums in Breesen. Unterwegs sind verschiedene Tiere zu beobachten. Packen Sie ein Fernglas ein!

↻	Start/Ziel: Agrarmuseum, Dorfstraße 4, Breesen, GPS N 53°42.881' E 011°0.218'
⮌	4,9 km
⌛	1 Std. 10 Min.
↑↓	12 m/12 m
⇧	44-88 m
✎	grün-weiße Wanderwegweiser, größtenteils unmarkiert, Orientierung einfach
🐾	Aussichtsreiche Feldwege wechseln sich mit schattigen Waldabschnitten ab. Streckenweise sind kleine Wegstücke der Natur überlassen. Das heißt, die zerfurchten Waldwege mit großen Pfützen und herumliegenden Ästen erfordern festes Schuhwerk. Stellenweise wuchert das Unterholz die lichtdurchfluteten Übergänge am Waldrand völlig zu. Wegen der Brennnesseln und dornigen Brombeerranken empfiehlt sich immer eine lange Wanderhose. Eine Machete ist noch nicht nötig.
✕	im Agrarmuseum am Start/Ziel
⊼	Bank (km 3,2)
👨‍👩‍👧	viel zu bestaunen im Agrarmuseum, verschiedene Tiere, u. a. Massen von Fröschen, zu beobachten, am Moor auf dem Weg bleiben
🚞	für Buggys nicht geeignet
🐕	ein paar moorige Tümpel im Wald, besser Wasser mitnehmen, längere Auslaufmöglichkeiten auf den Feldwegen, im Wald Leinenpflicht, keine Mülleimer unterwegs
🅿	Parkplatz am Start/Ziel oder größerer, ausgeschilderter Parkplatz hinter den Häusern, 90 m entfernt, GPS N 53°42.881' E 011°0.272', beide gebührenfrei
🚌	Haltestelle Breesen, Dorfstraße, Linie 156 Gadebusch–Roggendorf, mindestens 2x tgl. an Schultagen Mo-Fr, in den Ferien Mi und Fr 1x tgl., Linie 162 Gadebusch–Roggendorf–Gadebusch, an Schultagen 1x tgl., von Roggendorf mehrmals tgl. Linie 131 nach Ratzeburg, von dort mit Zug und Bus in alle Richtungen weiter. Nahbus Nordwestmecklenburg, ☎ 038 81/788 80, Anrufbus 08 00/634 62 87, ✉ info@nahbus.de, 🖥 www.nahbus.de

Ausgangspunkt der Tour ist das **Agrarmuseum** ❶ in Breesen. Sowohl außen als auch innen ist sowohl zahlloses technisches Ackergerät als auch allerlei Traditionelles zum bäuerlichen Leben bis zum 20. Jh. ausgestellt, sei es die alte linnene, spitzenverzierte Unterbüx oder ein gusseiserner Herd. Es gibt viel zu sehen und zu entdecken. Einige Räume sind detailgetreu eingerichtet, z. B. das Jagdzimmer.

Landwirtschaftliche Geräte im Agrarmuseum Breesen

⌘   Agrarmuseum, Dorfstraße 4, 19205 Breesen, ☎ 03 88 76/201 69, ▯ Mo 8:00-16:30 und Sa/So/feiertags 14:00-18:00, Erw. € 1,50, Kind € 0,50, nach Anmeldung auch Führungen durch das Moor

✗   selbst gemachte Torten, Brote mit Schinken, Käse, Sauerfleisch oder Bockwurst

Direkt gegenüber dem Museum weist ein Schild auf den Abzweig zum Bauernweg hin. Beim letzten Haus mündet der sandige Fahrweg bei drei mächtigen Kopfweiden in einen Redder. Die Knicks sind dicht mit Flieder und Weißdorn bewachsen. Ende August/Anfang September finden Sie hier reichlich Beute für Fliederbeersuppe oder -saft. Während die Schafe Ihnen neugierig hinterhergucken, wandern Sie gemütlich zwischen ausgedehnten Äckern auf den Woitendorfer Wald zu.

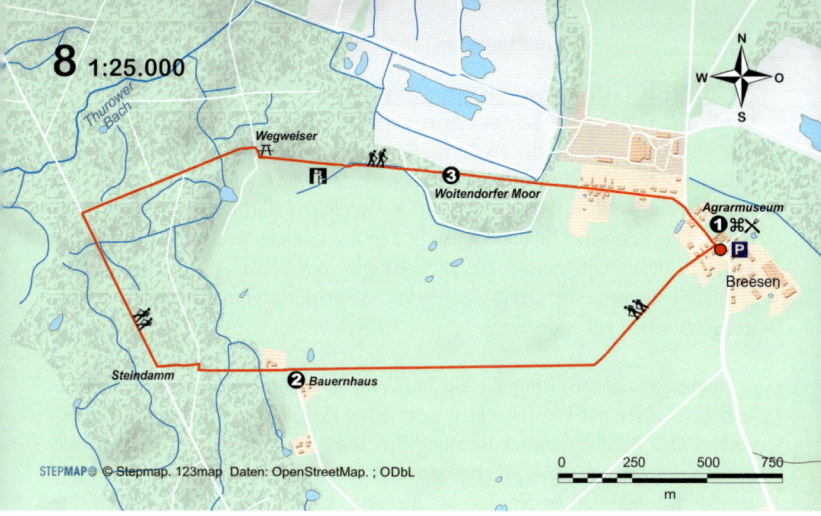

Der Bulle ist los

Im Mai 2017 ist ein Jungbulle beim ersten Ausgang aus dem Stall über den Zaun entwischt. Bisher konnte er nicht wieder eingefangen werden – trotz einer wilden Verfolgungsjagd mit zwei Treckern. Nun ist er die Attraktion von Breesen und der neueste Zeitvertreib bei den Einheimischen. Abends beim Spaziergang auf dem Bauernweg wird mit Fernglas genau festgehalten, wo er sich gerade aufhält. Das mittlerweile verwilderte Tier sollten Sie allerdings lieber nur aus der Ferne betrachten.

Kurz vor dem Waldrand befindet sich links des Weges in der Siedlung ein schönes **Fachwerkbauernhaus ❷** (km 1,7). Es entstand allerdings erst im Zuge der Bodenreform nach dem Zweiten Weltkrieg. Geradeaus endet der Betonplattenweg beim letzten Haus rechter Hand. Hier treffen Sie im Sommer auf eine grüne „Wand". Mit viel Fantasie ist eine Art Trampelpfad durch das Gestrüpp aus hohem Gras, Brennnesseln und dornigen Brombeerranken zu erkennen. Wer sich nicht scheut, es sind nur knapp 10 m zu durchkämpfen.

Im Schatten des Waldes fehlt den Pflanzen das notwendige Licht zum Wachsen. Ab dem Schlagbaum bedeckt nur eine dicke Laubdecke den Waldboden. Wildschweine haben teilweise den Weg zerwühlt und tiefe, durch Regenwasser gefüllte Pfützen gegraben. Im feuchten Waldklima fühlen sich unzählige Frösche wohl. Bei jedem Schritt springen die kleinen Kerle in alle Richtungen davon.

Woitendorfer Wald

In der von Feldern und Äckern beherrschten Region des nördlichen Biosphärenreservates Schaalsee ist der Woitendorfer Wald ein verhältnismäßig großes Forst-
gebiet. Wegen der nährstoffreichen Böden mussten die Bäume der Landwirtschaft
immer mehr weichen. Von ehemals 80 % Waldfläche sind heute nur noch 18 %
übrig. Die Rotbuche ist die am häufigsten auftretende Baumart. Weil sie den
Schatten bevorzugt, werden die alten Bäume vom Förster nur nach und nach
gefällt. So können unter dem schützenden Schirm der älteren Generation die jungen Rotbuchen gut gedeihen.

Immer geradeaus kommen Sie im Wald an den sogenannten **Steindamm**
(km 2,1), einen mit Pflastersteinen befestigten Weg. Dort wenden Sie sich nach
rechts. Der Abzweig zurück Richtung Breesen ist rechter Hand mit einem rot-
weißen Schlagbaum (km 2,8) abgesperrt. Nahe einem Hochsitz ragt ein markan-
ter Baumstumpf auf, in den Spechte mehrere Nisthöhlen gemeißelt haben. Die
fleißigen „Zimmerleute" sind zwar nur äußerst schwer zu sehen, dafür ist ihr
Klopfen weithin im Wald zu hören.

Sie halten sich erst einmal geradeaus. Sobald der gut befestigte Forstweg
scharf nach links abknickt, führt eine Trampelspur durch das Brennnesselgestrüpp
zum Waldrand hinaus. Erst dort sind die ⛱ Bank und der **Wegweiser** (km 3,2)
zu sehen. Nach links am Waldrand entlang geht es auf einem grasbewachsenen
Wiesenweg weiter.

Nach Süden ergibt sich eine großartige 📷 Weitsicht über die Felder. Störche
staken majestätisch dahin, Rehe äsen friedlich. Der Grasweg überquert einen tiefen Graben über eine Landbrücke (km 3,8) und bleibt dem Waldrand in einem
weiten Schwung nach rechts treu. Sie gehen jedoch geradeaus und durchqueren
das Birkenwäldchen. Nach Norden schließt sich das ✿ **Woitendorfer Moor ❸** an.

Woitendorfer Moor

Immer wieder ergeben sich schöne 📷 Ausblicke über die Torfabbaufläche. In den
dunklen Moortümpeln spiegeln sich bei gutem Wetter der blaue Himmel und
weiße Wölkchen. Im Frühjahr und Herbst rasten Kraniche auf ihrem weiten Zug
gerne im Hochmoor. Von der einstmals artenreichen Vegetation existiert leider
nur noch ein kümmerlicher Rest, seit das Moor teilweise trockengelegt und Torf
abgebaut wurde. Naturfreunde können nur mit etwas Glück ein paar Exemplare
Besenheide, Sumpfheidelbeere (Rauschbeere) oder Sumpfporst, das „Motten-
kraut" der Mecklenburger, ausmachen.

Das Woitendorfer Moor

Der im Frühjahr weiß blühende Strauch enthält giftige ätherische Öle, die nicht nur gegen Motten, Läuse und Krätze eingesetzt wurden, sondern auch als Brechmittel dienten. Alte Urkunden aus dem 13. Jh. berichten, dass Sumpfporst trotz der hohen Vergiftungsgefahr und drohender, strenger Bestrafung sogar zur Verstärkung des Rauschzustandes durch Bier verwendet wurde. Heute wird die unangenehm harzig riechende Pflanze in der Homöopathie bei Rheuma, Gicht und Arthritis genutzt.

Am Ende des Birkenwäldchens landen Sie wieder in Breesen. Kleine, schmucke Häuser und ein rot glänzender Trabbi säumen die Straße. An der Dorfstraße ist es nur noch ein Katzensprung nach rechts bis zum Ausgangspunkt beim **Agrarmuseum**.

⑨ Salemer Moor und Garrenseerinne

✕ ⛏ ☒ WC ⛴ ≈ ⊕ ⌘ ✳ 🛟

Tour für Naturbegeisterte   👫 🚲 👶 🐕

Zwischen Ratzeburg und Schaalsee erstreckt sich das Salemer Moor. Die benachbarte Garrenseerinne beherbergt Schwarze Kuhle, Plötschersee und Garrensee. Die von den Eiszeiten geformte Landschaft mit Seen, Mooren, tiefen Rinnen, breiten Senken, Moränen und urwaldartigen Wäldern gehört teilweise zu den ältesten Naturschutzgebieten in Schleswig-Holstein. Obwohl das Naturparadies als Klassiker gilt, ist es dennoch nicht überlaufen und verspricht ungetrübten Naturgenuss.

↻	Start/Ziel: Bushaltestelle Salem Kirche, Kammberg, Salem GPS N 53°39.394' E 010°49.652'
➲	13,8 km
⌛	3 Std. 30 Min.
↑↓	110 m/110 m
⇧	8-104 m
✎	Rote und gelbe Markierungen, gelbe Eule, Holzschilder, Infotafeln. Gut markiert, aber das weitverzweigte Wegenetz ist manchmal etwas verwirrend.
⛲	Die Waldtour eignet sich gut für heiße Sommertage oder für tolle Herbstlaubfotos. Am Plötschersee und bei der Schwarzen Kuhle sind kurze, aber kräftige Anstiege auf die etwas höheren Moränenrücken zu bewältigen.
✕	Das Thomas in Salem am Start/Ziel (☞ Tour 10)
⛏	etwa alle 1-2 km eine Bank, Rastplatz (km 3,1), Rasthütte (km 9,4)
WC	im Gemeindezentrum am Start/Ziel
⛴	Kaiser's Hofladen außerhalb von Salem (☞ Tour 10)
≈	öffentlicher Badeplatz Salem am Start/Ziel (☞ Tour 10), Baden im NSG nur an den ausgewiesenen Badestellen am Garrensee erlaubt (km 4,6, km 4,9, km 5,5)
👫	mehrere Bademöglichkeiten, Spielplatz in Salem am See, Boots- und Radverleih in Salem (☞ Tour 10), 300 m hin und zurück auf kaum befahrener Dorfstraße, 550 m auf verkehrsarmer Landstraße ohne Gehweg, kleine Abschnitte Steilufer am Plötscher See (Westufer) und an der Schwarzen Kuhle (Ostufer), in den Moorgebieten ist das Verlassen der sicheren Wege streckenweise lebensgefährlich
🚲	Es geht größtenteils über gute Waldwege, stellenweise sind sie am Plötschersee etwas wurzelig. Die Feldwege bei Salem sind teilweise nur Spuren im Gras. 350 m

auf dem Westufer vom Garrensee auf dem schmalen Trampelpfad sind für Buggys nicht geeignet. Ein kleiner Umweg über breiten Waldweg ist vorhanden.

🐾 Die Tour verläuft fast vollständig im Naturschutzgebiet, erst zum Schluss gibt es 750 m Auslaufmöglichkeit auf dem Feldweg nach Salem. Trink- und Badegelegenheit nur am Garrensee an den Badestellen (Hunde dort zugelassen), ansonsten dürfen die Ufer nicht betreten werden. Packen Sie also einen Wasservorrat ein. Mehrere Mülleimer, abgesehen von 550 m auf Asphalt nahe dem Ende pfotenfreundlich

🅿 Parkplatz an der Kirche, GPS N 53°39.433' E 010°49.627', Wanderparkplatz am Ortsrand, GPS N 53°39.510' E 010°49.506'. Alternativ können Sie vom Wanderparkplatz am Garrensee, GPS N 53°41.574' E 010°51.199', starten. Alle Parkplätze sind gebührenfrei.

🚌 nur Schulbusse

Von der 🚌 **Bushaltestelle an der Kirche in Salem** laufen Sie östlich um das Kirchengelände herum. Die Schilder „Schwarze Kuhle" leiten Sie leicht aufwärts nach 275 m zum 🅿 **Wanderparkplatz** am Naturschutzgebiet. Dort beginnt der Rundwanderweg „Schwarze Kuhle". Nach rechts übernimmt im leichten Auf und Ab bald ein Feldweg in der Knicklandschaft die Führung. Auf den Wällen des Redders blüht im Frühjahr der Flieder. Mächtige Linden und Eichen überschauen das Ganze. Unter einem der alten Baumriesen wurde am höchsten 🏔 Punkt eine 🪑 **Bank** aufgestellt (km 0,8). Immer geradeaus verschwindet der Wanderweg im Laubwald. Er zieht sich ein paar Meter oberhalb der wildromantischen ❀ **Schwarzen Kuhle** ❶ (km 1,3) am Hang entlang. Der nur 10 m tiefe, kleine, verlandende Moorsee schimmert nur schemenhaft zwischen den Bäumen hindurch. Absterbende Pflanzenreste färben das dunkle Wasser gelblich braun.

✋ Das Verlassen der Wege ist nicht nur aus Naturschutzgründen verboten, sondern auf dem trügerischen Boden dazu lebensgefährlich.

Im ❀ **Talgrund** (km 1,7) ist der ehemalige Verbindungsgraben zum Plötscher See ebenfalls stark vermoort. Im Bruchwald mit Birken, Weiden und Erlen bestimmen Seggen, Farne, Binsen und Torfmoose das Bild. Nicht nur im Nebel beschleicht einen das Gefühl, in einem verwunschenen Märchenwald zu sein. Hier schließt sich der **Rundweg Plötschersee** an. Nach rechts steigt er kurz steil den Moränenrücken hoch, um nach 200 m gleich wieder ins Tal hinabzuleiten. Der moorige ❀ **Plötschersee** ❷ (km 2,8) versteckt sich hinter den Blättern eines dichten, urwaldartigen Laubwaldes, dem ❀ **Garrenseeholz**. An der Uferkante

rangeln scharenweise Wasserpflanzen um die Plätze. Der 9 ha große und 13 m tiefe See liegt im Zentrum der eiszeitlichen Hügellandschaft.

Das **Holzgeländer** rechts den Hang hinauf fällt als Erstes auf. Dort an der Verzweigung (km 3,1) ignorieren Sie den Weg geradeaus am See entlang. Rote Pfeile zeigen hinauf zum ⛱ **Rastplatz**. Ein kleines Stück weiter oben treffen Sie erneut ein Eulenschild und rote Pfeile. Nach links bahnt sich ein breiter Weg eine Schneise durch den Wald. Eine Weile dauert es, bis gleich mehrere Verzweigungen kurz hintereinander folgen. Sie halten sich geradeaus, bis Sie nur noch die Wahl zwischen rechts und links haben. Dort verlassen Sie den Rundweg Plötschersee (km 3,8). Der rote Pfeil nach links ist am Baum kaum auszumachen. Allerdings können Sie sich am **ℹ Infoschild Urwald** ein paar Schritte weiter gut orientieren. Nicht weit entfernt begrüßt Sie der **Rundweg Garrensee**.

Dem Urwaldcharakter des Garrenseeholzes entsprechend stapeln sich im Hangwald umgestürzte Bäume und abgebrochene Äste wie ein riesenhaftes Mikadospiel übereinander. Nach 150 m spiegeln sich bei Windstille die Bäume und der blaue Himmel im grünlich funkelnden ✿ **Garrensee** ❸.

Im Garrensee darf gebadet werden

Garrensee

Im Gegensatz zu seinen Nachbarn in der Garrenseerinne überrascht der 38 m tiefe See mit unheimlich klarem Wasser bis auf den Grund. Das eiszeitliche Strudelloch wurde durch herabstürzendes Tauwasser ausgespült. Das nährstoff- und kalkarme Wasser sowie der helle, manchmal fast weiße sandig-kiesige Boden stellen ideale Lebensbedingungen für den seltenen Europäischen Strandling und das Brachsenkraut dar. Sie wachsen an der Uferkante am und im Wasser. Die Pflanzen reagieren äußerst empfindlich auf jegliche Störung. ✋ Daher darf der Uferbereich nur an den ausgewiesenen drei 🏊 Badestellen betreten werden.

Rund um den lang gezogenen See ergeben sich immer wieder zauberhafte ⬛ Ausblicke. Am Westufer dreht sich der Wanderweg (km 6) von der Wasserkante weg. Ein **Reitweg** (km 6,3) (✎ Hufeisen + roter Pfeil) kreuzt den breiten Waldweg.

✋   Dort können Sie auf dem Reitweg ein Stück abkürzen. Der schmale Trampelpfad zwängt sich jedoch stellenweise durch Brombeerranken. Bequemer ist es außenherum.

Unten im **Talgrund** (km 6,8) schließt sich der Kreis. Erneut am 🛈 Infoschild Urwald vorbei nehmen Sie aufwärts an der Verzweigung **Rundweg Plötschersee** (km 7) diesmal den rechten Arm. Richtung Salem umwandern Sie den Plötscher See auf der Westseite. Am tiefsten Punkt in der Garrenseerinne koppelt sich im sumpfigen Bruchwald der **Rundweg Schwarze Kuhle** (km 8,8) an. Er klettert gleich steil hoch zum ⌘ Schwarzhof ❹ (km 8,9).

Schwarzhof

Die Konturen im Boden gehen auf die Anlage eines befestigten Wehrhofes zurück. Er wurde von den Rittern von Salem errichtet, die Mitte des 12. Jh. bis zum 14. Jh. Vasallen der Grafschaft Ratzeburg waren. Sie gründeten im Auftrag ihrer Lehnsherren mehrere Dörfer – u. a. Salem –, bevor sie nach Mecklenburg verzogen.

Beim 🛉 **Aussichtspunkt** (km 9,4) mit ⌂ Rasthütte weit oben auf dem Moränenrücken öffnet sich im Laubwald nur ein schmaler Korridor auf die **Schwarze Kuhle**. 100 m weiter biegen Sie an der unmarkierten Gabelung nach rechts ab. Der Weg mündet in eine breite Forststraße. Nach rechts geht es zur **Holm-Eiche** (km 9,8). Sie wurde zu Ehren der Forstdirektoren aus der Familie Holm, die im 20. Jh. hier walteten, gepflanzt.

80 m weiter verweist ein Schild auf den Moorrundweg nach links hinab. Dieser schlängelt sich am Waldrand am ✿ **Salemer Moor** entlang. Mittlerweile ist es ein klassisches Waldhochmoor, das noch immer wächst. Jedoch war es bis zum 18. Jh. wie alle atlantischen Hochmoore im Westen baumlos. Gleich unten am Moor kann linker Hand vom 🛉 **Aussichtsturm** ❺ (km 10,3) der Kranichrastplatz in aller Ruhe beobachtet werden. Diese seltenen, hochbeinigen und langhalsigen Gesellen im silbergrauen Gewand nutzen die Feuchtgebiete ebenso zum Schlafen und Brüten.

Die **Landstraße** schlägt nach links (km 11,9) eine Bresche durch das Waldstück bis zum 🅿 **Wanderparkplatz** (km 12,4) am Waldrand. Halten Sie sich nun Richtung Schwarze Kuhle. Ein **Redder** (km 12,8) läuft dann schnurgerade nach **Salem**. Am Ortsrand (km 13,6) beim Wanderparkplatz zu Beginn der Tour geht es auf demselben Weg wie zuvor zur Kirche zurück.

⑩ Salemer See ✗ 🅷 WC ⚓ 〰 ⛺ 🏛

Tour für Familien, Seeliebhaber und Badefans 👫👫 🐕🐕🐕 🐾🐾

Nördlich des Schaalsees reihen sich die Seen wie Perlen an einer Kette aneinander. Ein Strang schiebt sich nordwestlich in Richtung Ratzeburg. Salemer See und Pipersee lassen sich fast gänzlich am Ufer entlang umwandern. Der bewaldete Ufersaum eignet sich besonders gut für Wanderungen an heißen Tagen. Gleich an mehreren wunderschön gelegenen Badestellen können Schwimmfreudige ins kühle Nass tauchen. Abenteuerlustige springen an den Wasserschaukeln ins Wasser. Oder genießen Sie einfach die zahllosen malerischen Aussichten.

↻ Start/Ziel: Wanderparkplatz, Sterleyer Heide, Pipersee, GPS N 53°38.459'
   E 010°51.540'. Alternativ können Sie in Salem am Gemeindezentrum starten, Seestraße 44, 23911 Salem, GPS N 53°39.364' E 010°49.665'.

➲ 8,4 km

⏳ 2 Std.

↑↓ 48 m/48 m

⇧ 16-81 m

✎ rote und gelbe Markierungen, grün-weiße Radwegweiser, Infotafeln

🚰 Gut befestigte breite Wald- und Sandpfade führen rund um die beiden Seen. Sobald
   der ausgeschilderte Wanderweg sich vom Westufer des Salemer Sees entfernt und
   auf der Höhe über die Heide ausweicht, ist der weitere Uferweg der Natur überlassen. Dort muss mit herabgefallenen Ästen und umgestürzten Bäumen auf dem Weg
   gerechnet werden. Es kann sein, dass er aus Naturschutzgründen zeitweilig ganz
   gesperrt wird.

✗ Imbisse auf dem Campinggelände (Blockhütte km 1,3, Seepavillon km 2,6), Das Thomas in Salem (km 3,3). ☺ Bei Anfahrt mit dem Auto lohnt sich ein Abstecher zu Kaiser's Hof vor Salem auf der Ostseite.

🅷 Bänke auf der Ostseite (km 1,1, km 1,7, km 3, km 3,3), Rastplätze in Salem (km 3,2,
   km 3,6), keine Sitzgelegenheiten auf der Westseite

WC im Gemeindezentrum mit Restaurant/Hotel Thomas (km 3,3)

⚓ Kaiser's Hofladen südöstlich von Salem, beim Seepavillon kleiner Campingladen

〰 Es gibt mehrere Badestellen und -plätze auf der Ostseite der Seen bzw. am Nordufer
   des Pipersees und einen schönen Badestrand in Salem. An der Westseite ist das
   Baden aus Naturschutzgründen nicht erlaubt, das Südufer des Pipersees ist in Privatbesitz.

🚶 Viele Möglichkeiten zum Baden und Springen mit Wasserschaukeln an den Seen, Spielplatz und Minigolf beim Campingplatz von Salem, Boots- und Radverleih in Salem und beim Campingplatz beim Pipersee. Am Nordostufer des Salemer Sees ist eine längere Strecke auf der Durchfahrtsstraße des Campingplatzes zu laufen. Dort ist allerdings nur Schritttempo erlaubt. Im Dorf sind es 500 m auf dem Fußsteig entlang der Dorfstraße. Zu Stoßzeiten morgens und nachmittags herrscht dort etwas mehr Verkehr. 80 m vom Fuchsbau zum Ziel führen über einen Fußweg entlang der Landstraße.

🚼 Auf den markierten Wanderwegen können Sie problemlos mit Buggy wandern. Sie sparen sogar 1 km Wegstrecke.

🐕 An der Westseite gilt Leinenpflicht und ausgewiesene Wege dürfen nicht verlassen werden, an der Ostseite gibt es längere Auslaufmöglichkeit am Pipersee zu Beginn und 300 m vor Salem außerhalb des Campinggeländes. An den offiziellen Badeplätzen sind Hunde nicht erlaubt, aber Sie finden mehrere Seezugänge auf der Ostseite. Für den Rückweg auf der Westseite sollten Sie lieber Wasser mitnehmen. Pfotenfreundliche Tour, mehrere Mülleimer auf dem Ostufer

🅿 Wanderparkplatz am Start/Ziel. Alternativ können Sie in Salem starten: Parkplatz an der Kirche, GPS N 53°39.433' E 010°49.627', gebührenfrei, Parkplatz am Gemeindezentrum, GPS N 53°39.328' E 010°49.720', gebührenpflichtig (1.4.-30.9. 8:00-18:00 € 1 je angefangene Std., Tageskarte € 3)

🚌 nur Schulbusse

Am Ostende des **Pipersees** kann das Auto auf dem Wanderparkplatz abgestellt werden. Im Sommer bei Badewetter herrscht Platzmangel, denn gegenüber tummeln sich die Badehungrigen vom nahen Campingplatz und aus den Dörfern der Umgebung. Vom Strand und Steg des **offiziellen 🏊 Badeplatzes** 📷 überschauen Sie den gesamten Pipersee. Er ist von Wald und auf den Höhen von Heide umkränzt. Nach rechts führt Sie der rot markierte Uferweg vom Strand weg durch den Mischwald. Immer wieder ergeben sich reizvolle 📷 Aussichten über die Wasserfläche.

Die tief hängenden Zweige spiegeln sich am Nordufer im klaren Wasser. An besonders weit in den See hinausragende kräftige Äste wurde aus kurzen Holzlatten eine provisorische Treppe genagelt. Wagemutige können sich dort an den 🏊 Badestellen (km 0,5 und km 0,8) an einem Seil weit hinausschwingen und mit einem gewaltigen Plumps ins Wasser fallen lassen. Die **Wasserschaukeln ❶** sind ein Riesenhit.

Am Westende des Pipersees endet ein kurzer Abstecher nach links an einer weiteren 🏊 Badestelle mit Wasserschaukel (km 1,1). Von der charmant am Ufer platzierten ⊼ Bank öffnet sich ein vorerst letzter Blick über den von dunklem Wald umgebenen Pipersee. Dort wurde als Verbindung zum Salemer See ein weiteres Stück des **Schaalseekanals** (☞ Tour 7) gebaut. An der Wasserkante ist kein Durchkommen. Sie kehren zum Uferweg zurück und laufen geradeaus quer über den Natur-Campingplatz Salemer See. Nadelholzwald

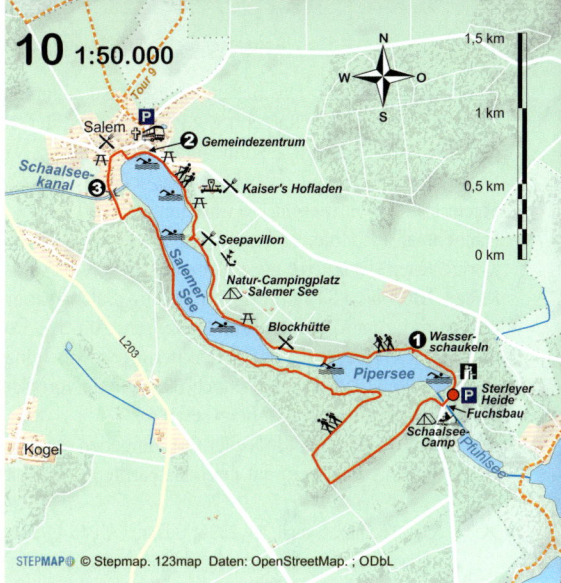

mit Lärchen und Tannen wächst entlang der Wasserenge.

✕   Zur Blockhütte, Imbiss, ▯ April-Okt. Fr 17:00-20:00, Sa 15:00-20:00, So 12:30-15:00

♦   Seepavillon, ▯ April-Okt. Mo-Fr 8:00-9:30 und 14:00-17:00, Sa/So 8:00-10:00 und 14:00-19:00

     Die sandige Fahrstraße kehrt am Anfang des Salemer Sees zurück ans Wasser. Schwäne ziehen dort ihre Kreise. Der Campingplatz dehnt sich noch entlang der Uferkante rechter Hand bis kurz vor Salem aus. Der flache Uferstreifen linker Hand ist jedoch naturbelassen. Im Reet halten sich Blesshühner auf. In der Nacht erklingen die Rufe von Eule und Uhu. Während die Zufahrtsstraße beim 〰 **Badeplatz** (km 2,7) nach oben schwenkt, marschieren Sie auf dem Uferweg geradeaus weiter. Bald ist das beschauliche Dorf **Salem** (km 3,1) am Nordende von Reth und Wald umrahmten Salemer Sees zu sehen. Der beste Platz zum Sonnen und Träumen beim Sonnenuntergang ist der Steg beim **Gemeindezentrum ❷** (km 3,3).

Salem

Salem stammt aus dem Slawischen und bedeutet „schmerzensreich". Das harte Leben in der öden, sandigen Heide war wohl recht entbehrungsreich für die damaligen Bewohner. Das bekam ebenso das Lauenburgische Jäger-Bataillon Nr. 9 der Garnisonsstadt Ratzeburg zu spüren, das hier auf der Heide ihren Felddienst leistete und heftige Sonnenbrände einheimste. Nachdem die Slawen in der Schlacht bei Schmilau nach Osten zurückgedrängt worden waren, konnte sich Salem in Ruhe entwickeln. So waren es vor 400 Jahren 10 Hufe (altes deutsches Flächenmaß für Höfe, umfasst je nach Region 30 bis 80 Morgen). Der Dreißigjährige Krieg dezimierte die Anzahl auf fünf. Auch während der Napoleonischen Kriege 1803 bis 1813 litt die Bevölkerung. Salem war mitten im Kriegsgeschehen und wurde zum Vorposten der Franzosen. Am See wurden Schanzen errichtet und alle Gehöfte erhielten Einquartierungen von französischen Offizieren und Mannschaften. 1908 wurden noch die Skelette von vier Preußen beim Hausbau im Seekamp gefunden und beigesetzt.

Heute ist Salem ein idyllischer Ort, umgeben von fruchtbaren Äckern, und die Heideflächen verzaubern mit ihren lila Farbteppichen die Touristen.

✕   Das Thomas, Seestr. 44, 23911 Salem, ☎ 045 41/894 94 55,
     🖥 www.dasthomas-salem.de, 🗓 Mi-Fr 14:00-22:00, Sa/So/feiertags 11:00-22:00

◆   Kaiser's Hof, Seestr. 58, 23911 Salem, ☎ 045 41/84 04 41,
     🖥 www.kaiserhof-salem.de, 🗓 Mitte März bis Ende Okt. tgl. Mo-So 7:00-18:00, Nov. bis Mitte März Di-Fr 12:00-18:00, Sa/So 9:00-18:00, gemütliches Cafè mit Frühstück, Mittagstisch und großer Auswahl an selbst gemachten Torten, 450 m zu Fuß die Dorfstraße entlang zum südöstlich des Ortes gelegenen Hof oberhalb des Sees

🛖   Hofladen Kaiser's Hof, breite Palette an Hofprodukten (Gemüse, selbst gebackenes Brot, von den Galloway-Rindern Wurst, Fleisch, Molkereiprodukte, Marmeladen, Liköre, Geschenkartikel)

⛵   Wassersport Morgenroth, Seestraße Parkplatz, 23911 Salem, ☎ 045 41/832 00,
     📱 01 63/339 83 30, ✉ info@segelschulemorgenroth.de,
     🖥 www.schaalsee-canu-salem.de, Bootsverleih, u. a. Tretboote. Kanus werden auch zum Schaalseekanal (👉 Tour 7) oder Pipersee geliefert.

🚲   Radverleih Wassersport Morgenroth

ℹ   interessanter Handypoint auf dem Parkplatz am Gemeindezentrum mit Infos über die Gegend

🏊   offizieller Badeplatz mit Spielplatz

Sie bleiben auf der Uferpromenade, bis diese am Ende zur Seestraße abknickt. Dort geht es nach links durch Salem (keine Markierung). Einige alte Höfe verteilen sich im Ort. An der nächsten Straßenverzweigung (km 3,6) biegen Sie Richtung

Idylle am See in Salem

Zarrentin nach links in den Seekamp ab. Von der Brücke haben Sie den schönsten Blick über den **Schaalseekanal** ❸ (km 3,9), der in Sichtweite aus dem See austritt und durch einen dichten Baumtunnel nach Westen fließt. In dem Viertel haben sich viele Hamburger fürs Wochenende eine kleine Zweitvilla hingestellt. Westlich hinter den Häusern schließt sich im Wiesen- und Waldgrund **Krögers Moor** an. Auf dem sumpfigen Boden hat die alte Moorflora überlebt. Unter Kiefern und Birken wachsen Porst, Wollgras, Rauschbeere und Glockenheide.

Am Waldrand (km 4) tauchen Sie wieder unter das Blätterdach. Allerdings nehmen Sie gleich am Anfang den unmarkierten Wanderweg nach links, der mit einem Schlagbaum versehen ist. Er gehört dennoch zum gelben Rundweg (Info-tafel mit Übersichtskarte). Sie folgen nun bald den gelben Markierungen am Westufer des **Salemer Sees** entlang. Im stillen Wald scheuchen Ihre Tritte schon mal ein Reh oder einen Hasen auf. Viel öfters hüpft Ihnen jedoch ein Frosch davon. Nicht weit entfernt vom **Schaalseekanal** am Südende des Sees löst sich die gelbe Wanderroute vom Uferweg (km 5,3) und klettert zur Heide hinauf.

Wanderer mit Buggy müssen hier die markierte Route wählen, die sogar 1 km kürzer ist. Oben auf der Heide stoßen Sie auf die rote Route. Der schnurgerade Feldweg am Waldrand entlang peilt nach links in Ihre Richtung Zarrentin an. Gelb kehrt nach Norden nach Salem zurück.

Herbstwald am Salemer See

Der Uferweg im Buchenwald wird zusehends schlechter. Äste und Bäume sind zu umgehen oder zu übersteigen. Der Naturpark Lauenburgische Seen möchte diese Strecke gerne stilllegen und die Ruhezone für Tiere und Pflanzen auf dieser Seeseite ausdehnen. Daher wird sie nicht mehr gepflegt. Es ist damit zu rechnen, dass der Weg vollends gesperrt wird. Spätestens an der nächsten **Gabelung** (km 6,5) steigen Sie ebenfalls durch den Wald hoch. Der Pipersee befindet sich am restlichen Südufer in Privatbesitz und ist für die Öffentlichkeit nicht mehr zugänglich. (Das Schild dazu steht allerdings nur am Anfang des Weges beim Fuchsbau.)

Oben am **Heideweg** (km 7,1) dauert es in südlicher Richtung nicht lange, bis die rote Route erneut eine Bresche in den Wald schlägt. Am **Fuchsbau** (geschlossen) (km 8,3) gelangen Sie an die Straße nach Seedorf. Rechts sind es ein paar Schritte die Straße hoch, wo nahe der Zufahrt zum **Schaalsee-Camp** eine Infotafel über die Gegend rund um den Salemer See aufklärt.

Kanustation Schaalsee-Camp, Bootsverleih und Tourenorganisation

Nach links genießen Sie ein letztes Mal von der Straßenbrücke hinreißende Aussichten über den **Schaalseekanal** in seinem Waldtunnel. Der **Wanderparkplatz** am Ende der Runde ist bereits zum Greifen nahe.

⑪ Seedorfer Werder

Tour für Kultur- und Vogelfreunde

Ein Touristenmagnet ist die Halbinsel Seedorfer Werder im nordwestlichsten Zipfel des Schaalsees. Die beliebte Rundtour ist jedoch keineswegs überlaufen. Zu Fuß, zu Pferd oder mit dem Rad kann die kleine Schmuckschatulle der Region von den aussichtsreichen Uferwegen aus in Ruhe erforscht werden.

↻	Start/Ziel: Parkplatz Kirche, Schloßstraße, Seedorf, GPS N 53°37.266' E 010°52.347'
➲	9,7 km
⧗	2 Std. 30 Min.
↑ ↓	104 m/104 m
⇧	34-80 m
✎	blauer Delfin, geschnitzte Holzschilder, Infotafeln
🛏	Auf den bewaldeten Uferwegen lässt es sich im Sommer gut aushalten. Etwa ein Drittel der Strecke zieht sich durch die lang gezogenen Straßendörfer Dargow und Seedorf, wo dann ein erfrischendes Bad im Schaalsee die Sommerhitze vertreibt. Die bequemen Anstiege auf die flachen Hügelkuppen bringen einen kaum aus der Puste.
✕	Gasthof am See (200 m vom Start/Ziel), Schaalseehof (km 5,4), Lindenhof (km 9)
⊓	ausreichend Bänke, Rastplatz in Dargow an der Hauptstraße (km 5,1 und 5,7)
WC	am Start/Ziel auf dem Friedhof, Badeplatz Seedorf (200 m vom Start/Ziel)
🐟	Fischräucherei Schaalseehof (km 5,4)
≋	Badeplatz in Dargow (km 4,1 und km 6,6) und in Seedorf (200 m vom Start/Ziel)
👪	baden im See, Obst pflücken, Spielplatz Schaalseehof und Himbeerhof, Aussichtsturm, 1,1 km auf verkehrsarmer Straße hin und zurück nach Dargow, in Dargow und Seedorf Gehweg entlang der stärker befahrenen Dorfstraßen, kleines Stück Steilufer auf dem Seedorfer Werder
🚴	größtenteils problemlos, auf dem Seedorfer Werder nördlicher Abstieg etwas verwurzelt und kleines Stück auf grasigem Weg
🐕	Leinenpflicht im Naturschutzgebiet rund um den Werder, keine Auslaufmöglichkeit, reichlich Trinkwasser auf den Uferwegen, 3 km auf der Strecke nach Dargow Trinkwasser nur auf halber Strecke im Schaalseehof erhältlich, Hundeverbot an den Badeplätzen vom 15.4. bis 30.9., längere Strecken auf Asphalt in den Dörfern
🅿	Parkplatz beim Start/Ziel

🚌   Vom Start/Ziel sind es 200 m zur Bushaltestelle Badeplatz Seedorf. Linie 8790 Ratzeburg–Zarrentin, Mo-Fr tagsüber alle 2 Std, in Ratzeburg Anschluss mit dem Zug nach Lübeck/Lüneburg und mit dem Bus in die nächstgrößeren Orte

☺   GPS-Guide „Cruso" begleitet Wanderer mit Bild und Text auf der Tour, zu leihen in der Kutscherscheune (☞ Tour 12) für € 3,50.

Schloss Seedorf

Vom 🅿 **Parkplatz** an der sehenswerten ✝ **Kirche** ist die mit Eichen gesäumte Straße hinab zum **Seedorfer Werder** ausgeschildert. Am nördlichen Ende des Friedhofes wurde eine Eschenblättrige Flügelnuss, ein Walnussgewächs, gepflanzt. Der seltene Parkbaum trägt lang herabhängende Früchte, die an einer Schnur aufgereihten, geflügelten Perlen ähneln.

An Villen mit ausgedehnten Gärten und einer großen Parkanlage vorbei kommen Sie zum ⌘ **Schloss** (km 0,4), das sich rechter Hand auf der schmalen Landbrücke erhebt. Das 1893 fertiggestellte Gebäude könnte vom Stil her gut in einen englischen Schauerroman passen. Am Waldrand biegen Sie mit dem blauen Delfin nach rechts ab. Der westliche Uferweg auf dem Seedorfer Werder erlaubt blendende 🔭 Weitblicke über den ❀ **Schaalsee**.

Schaalsee

Mit 71,5 m zählt er zu den zehn tiefsten Seen Deutschlands. Sein Fischreichtum und die vielen Buchten, Halbinseln (Werder) und Inseln, an denen sich massenhaft flache Uferbereiche mit Röhricht bilden konnten, sind ein Eldorado für Wasservögel. Insbesondere ein großes Vorkommen an Haubentauchern und Reiherenten kann hier beobachtet werden. Der Klarwassersee (☞ Tour 20, Krebssee) ist zugleich die größte zusammenhängende Wasserfläche Westmecklenburgs.

Er ist überdies berüchtigt für seinen Reichtum an Steinen. Die zahllosen Granitblöcke wurden von den Gletschern der Eiszeit hinterlassen. Sie wurden vielerorts für Bauzwecke verwendet. Nachdem sie aus dem See geschleift und von Steinschlägern behauen worden waren, fanden sie einen neuen Platz u. a. als Pflasterstraße oder als Steinmauer in den Dörfern und auf den Feldern. Davon wurde auch der Name abgeleitet. „Skalse" heißt auf Wendisch „Stein", also Schaalsee = Steinsee.

Im Wald sammelt sich haufenweise Totholz an. Manche Stämme am Wegesrand offerieren einen bequemen Sitzplatz. Einige Wurzelteller der umgestürzten Bäume ragen fast mannshoch aus tiefen Erdlöchern empor. Ein Liebespaar hat sich in den alten Buchen verewigt. Ein kurzer Anstieg führt zu einem  Aussichtspunkt ❶ (km 1,7) auf dem Steilufer. Gegenüber ist die Teufelsbrücke (☞ Tour 12) vom Zecherer Werder zu erahnen.

Nach 200 m wendet sich der Wanderweg vom Ufer ab und überquert die bewaldete Hügelkuppe im Inneren. Das Hämmern der Spechte erschallt. Kurz hinter der zweiten Bank kommen Sie nach einer Kurve an eine Kreuzung. Dort ignorieren Sie den breiten Weg geradeaus (kein Schild). Nach rechts schlängelt sich der verwurzelte Pfad steil abwärts zum **Seedorfer Küchensee**.

☝ Wer nur eine kleine Runde von 3,6 km laufen möchte, kann nach links am Ufer zurückmarschieren.

Nach rechts verlassen Sie den Seedorfer Werder über die trennende Wasserenge. Am **Abzweig nach Seedorf** (km 3,3) können Sie erneut den Rückweg antreten oder Richtung Salem einen Abstecher nach Dargow unternehmen.

An der nächsten Verzweigung (km 3,6) wird durch den Erlenbruchwald Dargow angezeigt. Von der nahen **Brücke über den Schaalseekanal ❷** (km 3,8) lässt die breite Schilfzone nur einen schmalen Durchlass nach Osten zum Schaalsee

Das Nordende des Schaalsees bei Dargow

offen. Nach Westen gleicht der Schaalseekanal (☞ Tour 7) weniger einer künstlichen Wasserstraße als einem verträumten Amazonas im Taschenformat. Der Waldweg mündet nach 200 m in die Straße nach **Dargow** hinauf.

✍ Wanderfreudige können dort nach links auf dem Radweg eine Runde von 1,9 km um den Pfuhlsee dranhängen. Dabei streifen Sie den Pipersee (☞ Tour 10) und laufen über das Schaalsee-Camp zurück.

Am 🏊 **Badeplatz von Dargow** (km 4,1) macht ein ✋ Infoplakat der Gemeinde auf die Gefahren der Blaualgenblüte aufmerksam. Im August 2015 musste wegen der starken Algenvermehrung eine Badewarnung ausgegeben werden. Sollte das Baden aus gesundheitlichen Gründen nicht möglich sein, entschädigt zumindest der wundervolle 🗼 Ausblick über den Röhrichtgürtel auf den Schaalsee. Am östlichen Ortsrand von Dargow ist der urige **Schaalseehof ❸** (km 5,4) mit einem kleinen Freilichtmuseum, Spielareal und Aussichtsturm mit Blick über den Westteil des Schaalsees ein beliebtes Ausflugsziel.

✕ Hofcafé und Fischräucherei Schaalseehof, Familie Eggert, Alte Dorfstr. 1, 23883 Dargow, ☎ 045 45/79 11 00, 🖥 www.jugendheim-salem.de, 🛏 Apr-Okt. Di-Fr 12:00-18:00, Sa/So/feiertags 9:00-18:00, Nov.-März Fr 14:00-18:00, Sa/So/feiertags 9:00-18:00, Frühstücksbuffet Sa/So/feiertags 9:00-12:00 (€ 13,90), Kinderstuhl ja, Wickeltisch nein

🛏 Auf dem Schaalseehof können Sie auch in einer Heuherberge übernachten.

Sie kehren auf demselben Weg wieder zum **Abzweig nach Seedorf** (km 7,5) auf dem Festland zurück. Der 🗻 aussichtsreiche Uferweg entlang des **Seedorfer Küchensees** endet oben in **Seedorf** direkt gegenüber der Gaststätte **Lindenhof** (km 9).

✕ Landgasthof Lindenhof, Hauptstr. 30, 23883 Seedorf, ☎ 045 45/234, 🛏 ganzjährig

Entlang der Dorfstraße finden sich noch viele alte Häuser. Nach links kommen Sie zur alten ⌘ **Dorfschmiede** (km 9,4). Sie wurde etwa 1850 eingerichtet und steht unter Denkmalschutz. Der letzte Dorfschmied lebte bis 1992 hier. Seitdem arbeitet der Metallbauermeister Frank Swoboda hier und fertigt kunsthandwerkliche Gegenstände nach Wünschen der Kunden – wie vor 100 Jahren alles in Handarbeit.

⌘ Alte Dorfschmiede, Frank Swoboda, Hauptstraße, 23883 Seedorf, ☎ 045 45/1513, 🖥 www.schmiede-in-seedorf.de, 🛏 falls die Tür nicht offen steht auf jeden Fall Sa 10:00-12:00

Davor senkt sich die Dorfstraße am ⌘ **Gut Seedorf** vorbei zur Kirche am Startpunkt hinab. Die Gutsanlage mit dem Herrenhaus von 1717 ist in Privatbesitz und wurde zu einem modernen Reitstallbetrieb ausgebaut.

✕ Gasthof am See, Dorfstr. 10, 23883 Seedorf/Zuckerhut, ☎ 045 45/218, 🖥 www.gasthof-am-see.com, 🛏 Mi-Mo 11:30-14:30 und 18:00-20:30, eigene Hausschlachtung, Seeterrasse, Juni-Aug. Sa Grillabend ab 18:00

◆ Himbeerplantage Wulf, Dorfstr. 17, 23883 Seedorf am Schaalsee, ☎ 045 45/416, 🖥 www.himbeeren-seedorf-am-schaalsee.de, 🛏 Juni-Aug. tgl. 9:00-18:00, Hofcafé, Himbeeren, Erdbeeren, Johannisbeeren, Brombeeren und Heidelbeeren zum Selbstpflücken, Spielplatz

⑫ Zecherer Werder

Tour für Familien, Gourmets und Märchenfans

Der märchenhafte Werder von Groß Zecher schiebt sich am Westufer weit in den Schaalsee hinein. Auf der Halbinsel im tiefsten See Norddeutschlands dominiert der Buchenhochwald. Feuchtwiesen und sandige Brachflächen zaubern ein paar Farbtupfer hinein. Den Zugang bewacht die malerische Gutsanlage von Groß Zecher. Mit lokalen Fisch- und Wildspezialitäten können Sie sich vor Ort verwöhnen lassen.

↻	Start/Ziel: Bushaltestelle Groß Zecher, Lindenallee, Groß Zecher, GPS N 53°39.587' E 010°47.255'
➲	5,3 km
⧗	1 Std. 20 Min.
↑ ↓	56 m/56 m
⇧	19-71 m
✎	blauer Delfin, Infotafeln
🛶	Sie können die Waldwanderung gleich am Parkplatz bei der Kutscherscheune beginnen. Ansonsten übernimmt ein grasiger Seeweg den Hinweg zum Gut. Zurück geht es auf der gepflasterten Dorfstraße. Es gibt viel Schatten im Wald für heiße Sommertage. Die hügelige Moränenlandschaft weist einige kleinere Anstiege auf.
✕	Maräne am Start/Ziel, Kutscherscheune (km 0,3 bzw. km 5)
⍑	mehrere Bänke (km 0,3, km 1,1, km 2,3, km 3,1, km 4,2)
〰	Kutscherscheune (km 0,3 bzw. km 5)
👪 👪	Bademöglichkeit und Spielplatz an der Kutscherscheune, kleiner Steilhang im Wald am Anfang 360 m auf Grasweg, bei einem kleinen Stück im Wald stark verwurzelter Boden, 200 m Kopfsteinpflaster am Ende
🐕	Leinenpflicht im Naturschutzgebiet, keine Auslaufmöglichkeit, Seezugang am Anfang und Ende der Tour, für unterwegs Wasser mitnehmen, keine Mülleimer, pfotenfreundliche Tour
🅿	Parkplatz beim Start/Ziel auf dem Weg zum See, GPS N 53°36.255' E 010°54.127', oder an der Kutscherscheune (alternativer Startpunkt), GPS N 53°36.281' E 010°54.332', gebührenfrei
🚌	Haltestelle am Start/Ziel, Linie 8790 Ratzeburg–Zarrentin, Mo-Fr tagsüber alle 2 Std, in Ratzeburg Anschluss mit Zug und Bus in die nächstgrößeren Orte
☺	GPS-Guide „Cruso" begleitet Wanderer mit Bild und Text auf der Tour, zu leihen in der Kutscherscheune für € 3,50.

Vom Start an der 🚌 **Bushaltestelle Groß Zecher** ist das weithin bekannte Fischrestaurant Maräne im Ort rechter Hand schon zu sehen.

✕   Restaurant Maräne, Dorfstr. 12, 23883 Groß Zecher, ☎ 045 45/1371, 🖥 www.restaurant-maraene.de, 🕐 tgl. ab 11:30, Fisch- und Wildspezialitäten aus der Schaalseeregion, insbesondere der Edelfisch Maräne. Das Fleisch des lachsartigen Fisches ist hell, fest und grätenarm.

Wie die Maräne in den See kam

Im Kloster Zarrentin (☞ Tour 14) lebte einst eine Äbtissin, deren Heimat der Bodensee war. Eines Tages überkam sie das Heimweh derart, dass es sie fürchterlich nach einer Maräne gelüstete. Dieser Fisch war typisch für den Bodensee. Schließlich geriet sie in ihrer Verzweiflung an den Teufel. Der wollte ihr den Fisch auch holen. Er verlangte als Gegenleistung dafür ihre Seele. Die Äbtissin willigte ein, stellte aber als Bedingung, dass er vor Mitternacht zurück sein müsse. Der Teufel jagte los.

Die gute Frau fürchtete dann doch um ihr Seelenheil. Es wurde eine List ersonnen und die Kirchturmuhr eine Stunde vorgestellt. Als der Teufel auf dem Rückflug gerade über dem Schaalsee war, schlug die Glocke bereits zwölf Mal. Vor lauter Wut ließ der Geprellte die edlen Fische in den See fallen, wo sie noch heute bestens gedeihen.

Sie wenden sich an der Straßenkreuzung jedoch nach links. Dort zweigt von der Lindenallee ein Weg zum See hinab ab (Schild an der Garage „Wanderung zum Werder"). Nahebei passieren Sie den 🅿 **Wanderparkplatz**. Wenig später biegen

Sie nach rechts auf einen Wiesenweg ab. Er führt am Südende des Küchensees
entlang. Er ist eine der zahlreichen Ausbuchtungen des riesigen Schaalsees
(☞ Tour 10, Schaalsee). Auf dem feuchten Uferstreifen wachsen Nässespe-
zialisten wie die Roterle und Sumpfdotterblumen. Im Schilfgürtel laichen Quap-
pe und Maräne. Drosselrohrsänger und vereinzelt auch Rohrdommeln haben
sich dort ein Nest gebaut. Eine Ringelnatter oder Blindschleiche kann schon
mal den Weg kreuzen.

Das erste Fachwerkhaus der 📷 fotogenen Gutsanlage schmiegt sich malerisch
rechter Hand hinter eine blumenreiche Wiese. Ein paar Schritte weiter schließt
sich die **Kutscherscheune** ❶ (km 0,3) in bester Lage am Küchensee an.

☺   Am schönsten ist der 🏠 Blick von der Seeterrasse abends, wenn die
Sonne versinkt und alles in träumerisches Licht taucht – mal golden, mal rosa
oder tiefrot. Sie können die Aussicht auch vom Steg aus genießen oder 🏊 von
dort in den See hinausschwimmen. Am Ufer steht ein alter, hoher Buchenstamm.
Machen Sie mal die Tür auf und lassen Sie sich überraschen.

✕   Zur Kutscherscheune, Lindenallee 15, 23883 Groß Zecher, ☎ 045 45/801,
        💻 www.kutscherscheune.de, 🕐 Sommer tgl. ab 8:00, Herbst und Frühling Do-Mo ab
        12:00, Winter (ab Nov.) Fr bis So ab 12:00, urgemütliches Café und Restaurant im
        alten Stallgebäude, Fisch frisch aus dem Schaalsee und Wild aus eigener Jagd, le-
        ckere selbst gemachte Torten (☺ Kutschertorte), viele kulturelle Veranstaltungen
        wie Lesungen, Krimidinner, Theater, Kinderstuhl und Wickeltisch vorhanden

Hinter dem Wirtschaftshof mit Kutscherscheune und einem weiteren großen,
architektonisch reizvollen Stallgebäude aus Backstein verbirgt sich der Park mit
dem ⌘ **Gutshaus Groß Zecher** ❷, wo man auch übernachten kann.

Gutshof Groß Zecher

Schon im Mittelalter beherrschte eine Turmhügelburg den schmalen Zugang zum
Zecherer Werder. Die Burg Boko, auch Burg Zecher genannt, wurde 1345 ver-
nichtet. Die strategisch günstige Lage machten sich dann die Familien von Carlow
und Parkentin zunutze. Letztendlich gelangte der Besitz 1681 in die Hände der
aus Lüneburg stammenden Patrizierfamilie von Witzendorff. Der braunschwei-
gisch-lüneburgische Geheime Rat und Kammerpräsident Hieronymus von Witzendorff wurde dadurch in die Ritterschaft des Herzogtums Sachsen-Lauenburg
aufgenommen.

Durch seine politische Tätigkeit lernte er die nachteiligen Folgen der Landesteilung kennen und wollte dies seiner Familie ersparen. Deswegen rief er für den Gutsbesitz das Fideikommiss ins Leben, wodurch dieser nun gesetzlich unteilbar wurde. Seine Rechnung ging auf. Heute lenkt Hannelore von Witzendorff mit Erfolg die Geschicke des Gutshofes. Neben den wesentlichen Aufgaben in der Land- und Forstwirtschaft und Engagement in der Natur ist der Zecherer Werder mittlerweile eine hervorragende Adresse für Gourmets.

Vom Seeweg öffnet sich ein prächtiger 🏠 Überblick auf das elfachsige Herrenhaus im klassizistischen Stil. Dort am Wegesrand steht der Wegweiser zum Rundweg. An der nächsten unmarkierten Gabelung nahebei halten Sie sich links. Am Ende der Wiese verzweigt sich der Rundweg bei der 🛈 **Infotafel über den Naturwald** (km 0,7). Geradeaus verschwindet der Westteil in nördlicher Richtung im großartigen Buchenhochwald. Obwohl die Baumkronen die 🏠 Sicht nie völlig auf den See freigeben, verleihen die einfallenden Sonnenstrahlen und das wie Diamanten glitzernde Wasser dem Wald ein märchenhaftes Aussehen. Je näher

Der Delphinenweg führt am Gutshof Groß Zecher am Schaalsee vorbei

Sie der Nordspitze kommen, desto höher steigt der Moränenhügel empor. Am Ende der Landzunge schauen Sie vom Steilufer hinab auf die ✿ **Teufelsbrücke** ❸ (km 2,6).

Teufelsbrücke

Um die besonders große Ansammlung von Findlingsblöcken (👁 Tour 10, Schaalsee) zwischen Seedorf und dem Zecherer Werder im See und hier am Ufer rankt sich so manche Geschichte. Die eine erzählt von einem Bauern aus Dargow, der öfters von Groß Zecher vom Trinken nach Hause kam und sich über den langen Umweg über das Ufer von Seedorf ärgerte. Eine andere Version rührt aus der Zeit, als das Christentum hier in die Gegend kam. Da soll ein heidnischer Fürst aus Dargow die Pilger und Reisenden auf ihren Wallfahrten nach Klein Zecher, Marienstede und Kloster Zarrentin überfallen haben. Für seine Raubzüge benötigte er einen schnelleren Weg.

Jedenfalls versprachen beide dem Teufel ihre Seele, wenn er über den See bis zum nächsten Hahnenschrei eine Brücke bauen würde. Der Teufel machte sich an die Arbeit. Es ging ihm so gut von der Hand, dass die Auftraggeber es mit der Angst zu tun bekamen. Noch vor dem Morgengrauen brachten sie den Hahn zum Krähen.

Vor Wut über den Betrug schmiss der Teufel den letzten Sack Steine hier vor die Nordspitze des Werders. Dann schleuderte er den Hahn so auf die Steine, dass das Blut in alle Richtungen spritzte. Der anderen Legende zufolge machte sich die Großmutter des Teufels über ihn lustig und bekam dafür den letzten Stein gegen den Kopf. Die Wunde blutete so heftig, dass einiges davon auf die Steine tropfte. Tatsächlich sind die roten Flecken auf den Findlingen seltene Süßwasserrotalgen, die in dem klaren Wasser des Schaalsees ausgezeichnete Lebensbedingungen vorfinden.

Entlang des Ostufers brechen Sie wieder auf. Um die große Lichtung namens **Sandkuhle** (km 3,7) mit Magerrasen und Heidevegetation herum treffen Sie bei der ❶ **Infotafel** (km 4,8) wieder mit dem Hinweg zusammen. Von der **Kutscherscheune** (km 5) steigt die kopfsteingepflasterte Zufahrtsstraße zum Gut als bildschöne Lindenallee langsam hinauf zur 🚌 **Bushaltestelle** am Start der Tour.

⑬ Neuenkirchener See   ✕ ⛶ ⛱ 〰 ⌘ ✝ ❀ 🏠

Tour für Kultur- und Naturliebhaber   👫 🚼 🚼 🐕

Zwischen dem Schaalsee und dem Neuenkirchener See erstreckt sich im Osten auf der Mecklenburger Seite die Techiner Heckenlandschaft. Von einem See zum anderen verbindet die Tour so eine Wald- und Seenwanderung mit dörflichen Kulturlandschaften. Die Wälder am Neuenkirchener See sind besonders verwunschen. Ohne Zweifel – Sie wandeln da auf dem Elfenpfad.

↻ Start/Ziel: Kirche, Dorfstraße, Lassahn, GPS N 53°36.133' E 010°57.198'

➲ 15,7 km

⏳ 4 Std.

↑↓ 136 m/136 m

⇧ 29-73 m

✎ grün-weiße Wanderwegweiser, mehrere Infotafeln, teilweise unmarkiert, aber Orientierung einfach

🚶 Größtenteils verläuft die Tour auf flachen, sandigen Wald-, Ufer- und Feldwegen. Der Neuenkirchener See liegt in einer Rinne, das heißt, zu ihm hin oder weg geht es ein wenig rauf bzw. runter. Auf der Straße zwischen Neuenkirchen und Lassahn kann der Ausflugsverkehr am Wochenende schon mal nerven.

✕ Lassahn beim Start/Ziel, Stintenburginsel (km 1,7), Neuenkirchen (km 10,7)

⛶ Bänke (km 4, km 4,5), Rastplatz (km 6,1), Unterstand (km 9,4)

〰 Lassahner See (km 0,4), Techiner See (km 4,5), Neuenkirchener See (km 9,6)

👫 Bademöglichkeit im See, Elfenschule, Spielplatz bei der Elfenschule Neuenkirchen, Vogelbeobachtungsturm (Fernglas einpacken), Landstraße L041 zweimal zu kreuzen, von Neuenkirchen 1,8 km auf gut befahrener Straße ohne Gehweg

🚼 überwiegend problemlos, am Lassahner See auf dem Plattenweg mit Löchern im Beton 800 m etwas ruckelig, in Techin Dorfstraße mit Kopfsteinpflaster, 500 m Trampelpfad zum Neuenkirchener See, Waldpfad am Neuenkirchener See etwas wurzelig

🐕 Leinenpflicht im Biosphärenreservat, kaum Auslaufmöglichkeit, nur auf dem Feldweg zum Neuenkirchener See für 500 m, Hunde an Badeplätzen nicht gestattet, Trinken nur am Neuenkirchener See, etwas Wasser mitnehmen, in den Orten und eine längere Strecke von 1,8 km auf Asphalt, mehrere Mülleimer

🅿 Parkplatz an der Kirche, GPS N 53°36.120' E 010°57.205', gebührenfrei

🚌 nur Schulbusse

Die alte **Dorfkirche in Lassahn** schaut von oben auf der Moräne weit über den Lassahner See, eine östliche Bucht des Schaalsees. Im Westen erstrecken sich die Halbinsel Kampenwerder und die Stintenburginsel. Der älteste Gebäudeteil, der quadratische Chor und die Sakristei aus Feldsteinen, werden auf das Jahr 1240 datiert. Den südlichen Teil der pittoresken St.-Abundus-Kirche bilden ein Fachwerkbau aus dem 17. Jh. und ein hölzerner Turm aus der Zeit um 1740. Gedenktafeln erinnern an die adlige Familie von Bernstorff, die auf der Stintenburginsel residiert. Auf dem Friedhof befindet sich ihre Begräbnisstätte.

Vom **P** **Parkplatz an der Kirche** wählen Sie an der **i** Infotafel den linken Weg rasant abwärts. Unten zweigt nach 300 m ein Weg nach rechts zum **Lassahner Badeplatz** (km 0,4) ab. Das ist die einzige Stelle, an der sich der Lassahner See vom Ufer aus zeigt. Nach links schleust Sie ein Betonplattenweg durch den Wald zum **P** **Parkplatz** (km 1,2) vor der Stintenburginsel. Bei der **i** Infotafel ist ein kurzer Pfad zur **Klopstock-Eiche ❶** im Wald ausgeschildert.

Klopstock-Eiche

Obwohl es nicht die Eiche ist, unter der der berühmte Dichter Klopstock 1767 auf Kampenwerder saß, so steht der beeindruckende Baumriese doch zu seinem Gedenken. Klopstock war nämlich ein Fan von Eichen. Und seine Freunde verglichen seinen Charakter stets mit einer „Eiche, die dem Orkane steht" entsprechend seiner Ode „Fürstenlob". Es existieren noch weitere Eichen und andere Bäume zu seinem Gedenken, u. a. in Schleswig-Holstein und Dänemark.

Die Klopstock-Eiche bei Stintenburg

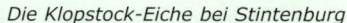

   Es lohnt ein Abstecher durch die romantische Lindenallee auf die **Stintenburginsel** zum **Brückenhaus** ❷ (km 1,7).

Stintenburginsel und Kampenwerder

Der kopfsteingepflasterte Damm zur Stintenburginsel wurde bei der Brücke unterbrochen, damit die Fischer nicht einen Riesenumweg fahren mussten. Denn auf der Westseite verbindet ebenfalls ein künstlicher Damm die Halbinsel Kampenwerder mit ihrem winzigen Nachbarn. Kampenwerder ist mit 2,5 km² die größte Insel des Schaalsees, während die Stintenburginsel nur knapp 5 ha umfasst. Auf Kampenwerder wohnen heute noch etwa 30 Leute.

✕   Brückenhaus am Schaalsee, Klopstockweg 1, 19246 Zarrentin am Schaalsee, OT
Stintenburg, ☎ 03 88 58/227 19, 💻 www.brueckenhaus-am-schaalsee.de,
🗓 im Winter geschlossen, sonst Fr ab 18:00, Sa/So/feiertags ab 12:00, malerisches
Fachwerkhaus mit toller Seeterrasse, Kinderstuhl ja, Wickeltisch nein

Vom 🅿 Parkplatz nach links kämpfen Sie sich auf der Straße wellenartig hoch
zum Wald- und Wiesenweg (km 2,5) nach Techin. Linker Hand ragt der kurze
Hang steil zu den Feldern auf. Rechter Hand sprießt im Frühjahr im Feuchtwald
und am Bach eine große Auswahl an Frühlingsblumen aus dem Boden. Weiden
hängen stellenweise ihre Äste wie ein Dach über den Weg. In **Techin** ❸ (km 3,7)
schmücken viele alte, reetgedeckte Bauernhäuser und Scheunen mit dem typischen Giebelschmuck (☞ Tour 21, Eulenlöcher) die Kopfsteinpflasterstraßen.

Beim **Wegweiser** an der Dorfstraße (km 4) wird in beide Richtungen Neuenkirchen angegeben. Sie wenden sich nach rechts zum See hinab. Am Waldrand
nach 230 m bietet sich rechter Hand der 🌊 **Techiner Badeplatz** (km 4,5) glei-
chermaßen als 🍴 Rastplatz und einzige 📷 Aussicht auf den Techiner See an.

Stets in Richtung Neuenkirchen kommen Sie nach links an die **Landstraße
L041** (km 6,1) mit 🍴 Rastplatz. 300 m weiter nach rechts durchquert ein Redder die Techiner Heckenlandschaft. Sie folgen ihm.

Techiner Heckenlandschaft

Die für Schleswig-Holstein so typischen Knicks sind in Mecklenburg nicht häufig
anzutreffen. Sie heißen hier Hecken. Das Land gehörte bis nach dem Zweiten
Weltkrieg zu Schleswig-Holstein. Im Zuge eines Gebietstausches zwischen Briten
und Russen, um ihre Besatzungszonen besser bzw. überhaupt kontrollieren zu
können, wurde die Grenze jedoch geglättet und Teile der Bevölkerung umgesie-
delt. So wurde aus der Knicklandschaft eine Heckenlandschaft.

Diese wallartigen Feldumgrenzungen wurden erstmals um 1500 eingesetzt.
Damals bekrönten totes Holz und Reisig die Wälle. Die fast völlige Vernichtung
des Waldes durch Raubbau führte jedoch im späten Mittelalter zur ersten Verord-
nung für „lebende Zäune". Der Name „Knick" beruht auf der Art der Pflege der
mit Sträuchern und Bäumen bewachsen Einfriedungen. Alle 8 bis 10 Jahre wird
der Wall auf Stock gesetzt, das heißt das Gehölz abgesägt. Die jungen nachwach-
senden Triebe werden „geknickt" bzw. angebrochen oder geschnitten und ver-
flochten, um wieder ein dichtes Gestrüpp zu erhalten. Ein Weg, der von zwei
Knicks umschlossen wird, wird als Redder bezeichnet.

Bei der **Brücke über den Hammerbach** ❹ (km 7) finden Sie sich im Märchenwald wieder. Kreuz und quer liegende Bäume, dichtes Ufergestrüpp und Unterholz sowie eigentümlich zerfallenes, gewaltiges Totholz beschwören ein wunderliches Flair herauf. So fällt es leicht, auf dem aussichtsreichen **Elfenpfad** entlang des **Neuenkirchener Sees** Richtung Neuenkirchen an Elfen, Trolle und seltsame Wesen zu glauben. Zwei **Stege** ❺ (km 8,5, km 8,6) unterwegs und der ≈ Badeplatz (km 9,6) am Nordende können als 🛈 Aussichtspunkte und zum Baden genutzt werden.

Auf der Zufahrtsstraße zum 🅿 Parkplatz gelangen Sie zur Straße hinauf nach **Neuenkirchen**. Die Kirche am Ortseingang ist ebenso geschachtelt wie die Lassahner. Dazu verziert ein hübscher gotischer Giebel die Ostfassade. Dahinter hat sich in der alten Dorfschule von 1870 die **Elfenschule** ❻ (km 10,4) niedergelassen.

⌘   Elfenschule + Atelier, Seeweg 2, 19246 Zarrentin am Schaalsee,
      ☎ 03 88 53/212 23, 🖥 www.schaalsee-lebens-art.de, Galerie, Kunsthandwerk,
      Elfenpost, Elfenwochenende, geführte Waldtouren auf dem Elfenpfad mit Aktionen
      zur Schärfung der Sinne, ☺ 🛏 Ferien in der Elfenschule

Die Elfenschule in Neuenkirchen

Oben am Ende der Straße heißt Sie das gemütliche ✗ **Gasthaus zum See** (km 10,7) im schnuckeligen Fachwerkhaus mit hübschem Kaffeegarten willkommen.

✗   Gasthaus zum See, Alte Dorfstr. 14, 19246 Neuenkirchen, ☎ 03 88 53/214 23, 🖳 www.das-gasthaus-zum-see.de, 🗐 Mitte Jan. bis Febr. geschlossen, sonst Di- So 8:00-23:00, warme Küche ab 13:00, ☺ der Pflaumenkuchen ist ein Gedicht, Kinderstuhl ja, Wickeltisch nein

Von dort lenken Sie Schilder zum 🏠 **Kranichkieker** ❼ (km 11,3) in der Neuenkirchen-Niederung westlich des Dorfes. Der markante Ausguck auf das Kranichbrutgebiet mit Sichtlöchern in Kranichform verfügt über mehrere interessante 🛈 Informationstafeln. Aber auch andere Vögel wie Graureiher und Kiebitz können hier beobachtet werden. 🖑 Falls nicht gemäht wurde, kann das hohe Gras am Pfad voller Brennnesseln sein. Lange Hose empfiehlt sich.

Auf demselben Weg geht es zurück zur **Zufahrt des Badeplatzes** (km 12,3). Geradeaus Richtung Lassahn überquert die Betonplattenstraße die historische **Steinbrücke** (km 12,6) und windet sich durch die Techiner Heckenlandschaft hinauf zur **Landstraße L041** (km 14). Sie überschreiten die Straße. Ein paar Schritte nach links schickt Sie der Wegweiser in den Redder hinein. Er mündet nach 300 m am Waldrand in den bekannten Weg zwischen Techin und Stintenburg. Sie halten sich nun Richtung Lassahn. Es dauert nicht lange und Sie stehen oben an der L041 wieder in **Lassahn** (km 14,8). Auf dem Radweg marschieren Sie durch den Ort zur Kirche am Ausgangspunkt.

☺   Nördlich des Friedhofs sollten Sie einen Besuch des **Seeblickes** auf dem Nachbargrundstück nicht verpassen. Der vor ein paar Jahren gebaute Pavillon im rückwärtigen Garten besitzt die gleiche grandiose Aussicht wie sein geistlicher Anrainer, die Kirche. Der Clou ist das begehbare Dach mit Aussichtstreppe.

✗   Seeblick, Dorfstr. 57/59, 19246 Lassahn am Schaalsee, ☎ 03 88 58/22 98 39, 🖳 www.seeblick-lassahn.de, 🗐 April Fr ab 14:00, Sa/So ab 11:00, Mai bis Mitte Juni Fr-So 11:30-19:30, Juni bis Aug. Mo-Do 12:00-20:00 und Fr-So 11:00-21:00, Sept. Fr-Mo 12:00-18:00, Okt. Sa/So 12:00-17:00, Nov.-März geschlossen, einfaches Angebot mit belegten Broten, Suppen und Kuchen, aber gute Qualität aus der Region und Fair-Trade-Kaffee, weder Kinderstuhl noch Wickeltisch

⑭ Zarrentin und Halbinsel Strangen

✗ ⼤ WC ⛴ ≈ ⌘ ✝ 🚢 ⛵ ⊛ 🏠

Tour für Familien und Naturfreunde   👪 👪 👪 🚲 🚲 🐕

Die Tour am Südwestende des Schaalsees von Zarrentin zur Halbinsel Strangen ist nicht lang, aber sie ist gespickt mit vielen interessanten Anlaufpunkten und etlichen umwerfenden Aussichten. Klein, aber oho ist die Devise. Sie sollten etwas mehr Zeit zum Erforschen einplanen. Vor allem die zahlreichen Wasservögel lassen sich vom Ufer aus hervorragend mit dem Fernglas beobachten.

↻   Start/Ziel: Strandbad Zarrentin, Am See, Zarrentin, GPS N 53°32.793' E 010°55.525'

➲   6,6 km

⧖   1 Std. 40 Min.

↑↓   29 m/29 m

⇧   19-64 m

✎   roter Punkt, grün-weiße Wanderwegweiser, Infotafeln, teilweise unmarkiert, aber Orientierung einfach

🚶   Größtenteils verläuft die Tour auf flachen, sandigen Uferwegen. Auf der Nordseite des Kirchensees hat sich das Gras auf dem Seeweg allerdings ausgebreitet und nur noch eine Trampelspur frei gelassen. Der Weg wird aber regelmäßig gemäht. Dafür wirft ein Blätterdach dort im Sommer reichlich Schatten.

✗   mehrere Einkehrmöglichkeiten im Stadtzentrum, Imbiss im Strandbad, Seepavillon (km 0,3 bzw. km 6,3), Schaalseefischerei (km 0,4 bzw. km 6,2), Fischhaus (km 1 bzw. km 5,6)

⼤   zahlreiche Bänke

WC   Strandbad am Start/Ziel

🏪   Supermärkte und mehrere kleinere Geschäfte in Zarrentin, ☺ Fischverkauf Schaalseefischerei (km 0,4 bzw. km 6,2) oder im Stadtzentrum die Schaalseeinfo mit Regionalwarenladen

≈   Strandbad am Start/Ziel

👪   Strandbad mit Spielplatz, viele Spielmöglichkeiten am See wie ein Hohlbaum, der erklettert werden kann, Brombeeren pflücken am Kirchensee, viele interessante Dinge im Heimatmuseum, unterwegs viel zu sehen, Bootstour auf dem Schaalsee mit Schiff, Ruder- oder Tretboot, Aussichtsturm für Vogelbeobachtung

🚲   an der Nordwestseite vom Kirchensee 1,2 km auf Grasteppich, ansonsten breite, gut befestigte Sandwege

🐾   Leinenpflicht im Naturschutzgebiet und auf der Uferpromenade, keine Auslaufmöglichkeit, mehrere Gelegenheiten zum Trinken am Schaal- und Kirchensee, viele Mülleimer, pfotenfreundliche Tour

🅿   Parkplatz am Start/Ziel (€ 1/Std., Parkautomat war zur Zeit der Recherche kaputt). Alternativ können Sie am Parkplatz am Kirchensee, GPS N 53°33.784' E 010°54.481', oder an der Klosterkirche, GPS N 53°33.281' E 010°55.058', starten, beide gebührenfrei.

🚌   Haltestelle Bahnhofstraße, 600 m zum Strandbad, Linie 8790 Ratzeburg–Zarrentin, Mo-Fr tagsüber alle 2 Std., in Ratzeburg Anschluss mit Zug und Bus in die nächstgrößeren Orte

Vor dem Eingang zum **Strandbad** findet sich am Straßenrand ein Wegweiser. Ihre Richtung ist Strangen. Er schickt Sie quer durch das Bad über die Liegewiese zum Uferweg am Schaalsee.

🏊   Strandbad Zarrentin, Wittenburger Chaussee 98, 19246 Zarrentin, 🗓 Badebetrieb Juni bis Mitte Sept. Mo-So 10:00-19:00, bewacht bei Badewetter von 14:00 bis 19:00 und in der Ferienzeit tgl. von 10:00 bis 19:00, Rutsche, Sprungturm, WC, Imbiss, Liegewiese, Fußballplatz, Spielplatz und nostalgisches Badehäuschen, kostenfrei

✋   Das Baden ist am Schaalsee nur an ausgewiesenen Badeplätzen erlaubt.

🛈   Der Besuch des Strandbades lohnt sich alleine schon wegen der fabelhaften Aussicht über den Schaalsee und das Westufer mit der Stadt Zarrentin. Den Ostteil der Bucht dominiert die unbewohnte Insel Möwenburg, die ihre Entstehung einer dicken Kalkschlammschicht (☞ Tour 15) verdankt und ideale Wohn- und Raststätte für viele Wasservögel ist.

Direkt am Uferweg locken die ersten Einkehrmöglichkeiten.

🍴   Seepavillon, Wittenburger Chaussee 1, 19246 Zarrentin, ☎ 03 88 51/804 47 oder 802 62, 🗓 April-Sept. Di-So 11:00-20:00, keine Kinderstühle und kein Wickeltisch

♦   Schaalseefischerei, Amtsstr. 41, 19246 Zarrentin, ☎ 03 88 51/253 54, 🖥 www.schaalseefischerei.de, 🗓 Nov.-Jan und März-April Mi-So 10:00-17:00, Febr. komplett geschlossen, Mai auch Mo offen, Juni-Aug. tgl. 10:00-18:00, Sept. und Okt. Di Ruhetag, ☺ frischer Fisch aus dem Schaalsee oder geräuchert zum Essen vor Ort oder zum Mitnehmen, Verkauf von Angelkarten, keine Kinderstühle und kein Wickeltisch, Sandkiste zum Spielen

Personenschifffahrt Kuntoff, Heegenring 14, 19246 Zarrentin, ☎ 03 88 51/253 11, ✉ kuntoffk@aol.com, 🖥 www.schaalseetour.de, 🚩 Schiffstour auf dem Schaalsee 1.4.-1.11. tgl. 10:00-18:00 zur vollen Stunde, Erw. € 9, Kind bis 7 J. € 5, Fahrtzeit 45 Min., ☺ See-Pferd-Tour: Halbtagestour mit Schiff, anschließend Kutschfahrt, Führung im Moor und Pahlhuus, € 25 inkl. Essen

 Bootsverleih Troeder, Seepavillon, Ruder-, Tret- und Segelboote
Das Befahren des Sees ist nur vom 1.4. bis zum 31.8. von 6:00 bis 21:00, ansonsten von 8:00 bis 18:00 erlaubt. Das Einsetzen eigener, ortsfremder, nicht registrierter Boote ist verboten.

Während Sie entspannt entlang der Uferpromenade weiterschlendern, reihen sich Bootsstege und -häuschen aneinander. Dazwischen blitzt immer wieder der See auf. An besonders schönen 🖼 Aussichtspunkten laden ⊤ Bänke zum Bobachten der reichen Vogelwelt auf der weiten Wasserfläche ein. Linker Hand liegen hinter hohen Hecken die Stadtgärten.

Zarrentin

Oben am Hang stehen einige prächtige Häuser aus dem 18. und 19. Jh. In dieser Zeit blühte in Zarrentin das Kleingewerbe, z. B. Schuhmacher, Uhrmacher, Töpfer, Gerber oder Färber. Als 1896 die hiesige Eisenbahn das erste Mal über die Gleise dampfte, erhielt die Stadt einen weiteren Anschub. 1938 wurde Zarrentin gar Luftkurort. Zu DDR-Zeiten geriet die Ortschaft an der Zonengrenze in Vergessenheit. Mit der Gründung des Biosphärenreservats erfolgte ein touristischer Aufschwung. In den 90er-Jahren wurden

die Häuser schön restauriert. Alles Wissenswerte über die Schaalseeregion und Zarrentin erfahren Sie hier:

ℹ️   Informationszentrum Pahlhuus, ☞ Tour 15

◆   Schaalseeinfo und Regionalwarenladen, Hauptstraße 15, 19246 Zarrentin, ☎ 03 88 51/33 34 35, 🖥 www.schaalsee-info.de, 🕒 Okt.-April Fr 10:00-12:30, Sa 10:00-13:00, Mai-Sept. Mo-Fr 10:00-12:30 und 13:00-18:00, Sa 10:00-13:00, touristische Informationen u. a. zu Unterkünften, Veranstaltungen, geführte Touren, Biohöfe und vieles mehr, 🚲 Radverleih, 🛒 große Palette an regionalen Produkte wie Kräutern und Obstlikör, vor allem große Auswahl an Käse (auch Ziegenkäse) und Wurst, freitags frisches Biobrot und Gemüse der Saison

Vom Uferweg steigen mehrere kurze gepflasterte Gassen, die „Twieten", zur Stadt hinauf. Oben am Ende der Küstertwiete hat sich das **Fischhaus** (km 1) in der alten Küsterschule einen Namen erworben.

🍴   Fischhaus, Amtsstr. 11, 19246 Zarrentin, ☎ 03 88 51/559 90, 🖥 www.fischhaus-schaalsee.de, 🕒 tgl. 11:30-22:00, sehr gute Küche mit saisonal wechselndem Angebot, große Gartenterrasse hinab zum Ufer mit klasse Seeblick und Spielplatz, Kinderstuhl und Wickeltisch vorhanden, ☺ Mai-Aug. jeden zweiten Do Grillabend auf der Seeterrasse, Reservierung zu empfehlen

Kunst und Kultur an der Uferpromenade in Zarrentin

Zu den bemerkenswerten Bauwerken der Stadt zählen ebenfalls das **Kloster Zarrentin ❶**, die **Kirche St. Petrus und St. Paulus** sowie das **Heimatmuseum** (km 1,1). Das Heimatmuseum birgt eine skurrile Ansammlung von Arbeits- und Gebrauchsgegenständen des alltäglichen Lebens aus den Jahrhunderten. Vollgestopft bis obenhin ist es eine wahre Fundgrube. Nehmen Sie sich Zeit.

⌘   Kloster und Heimatmuseum, 🖥 www.kloster-zarrentin.de, 🕒 Di 14:00-18:00, Mi 14:00-17:00, Fr 9:00-12:00 und 14:00-17:00, April-Okt. Sa/So/feiertags 13:00-17:00,

Nov.-März Sa/So 13:00-15:00, Erw. € 2 (mit Heimatmuseum € 3), Kinder 12-17 J. € 1
(mit Museum € 1,50), öffentliche Führung Mai-Okt. erster So im Monat 14:00 (€ 6)

✝ Kirche St. Petrus und St. Paulus, 🖥 www.kirche-zarrentin.de, Eintritt frei

Nicht weit am Kloster vorbei endet das Stadtgebiet von Zarrentin. Auf der Uferböschung linker Hand versuchen sich mächtige Rotbuchen festzuhalten. Manche ihrer freigelegten Wurzeln formen ein bizarres Geflecht. Die Weiden, Erlen und Pappeln auf der Seeseite beugen ihre Äste in einem weiten Bogen tief über die Wasserfläche und bilden eine natürliche Markise. Im Schutz der Bäume flattern auch schon mal Fasane und allerlei Enten über den Weg.

Vom 📷 **Aussichtsturm** (km 1,7) ist im Norden der bewaldete Kampenwerder zu sehen. Gegenüber erstrecken sich die Buchten und Haken der Halbinsel Techiner Hörsten und im Südosten dehnt sich die Schalißer Bucht aus. Mit etwas Glück sehen Sie einen Seeadler in der Luft kreisen. Zum Vogelzug im Spätsommer bis in den Oktober hinein trudeln ganze Schwärme von Kranichen auf der anderen Uferseite zum Schlafen ein. Ein paar Schritte weiter gabelt sich der Rundweg. Dort zeigt ein Gedenkstein den Anfang des ⌘ **Strangendammes ❷** nach Norden an.

Strangendamm

Am Wochenende war das Restaurant Fährhaus auf Strangen im vorherigen Jahrhundert ein beliebtes Ausflugsziel. Damals war die Halbinsel von Zarrentin aus mit einer kleinen Fähre zu erreichen. Am Ende des Uferweges stand eine schilfgedeckte Hütte, in der eine Glocke hing. Auf das Läuten hin kam von Strangen ein Ruderboot und holte die Besucher ab. Der Besitzer des Gasthauses, der Apotheker Brath, ließ 1911 einen Damm aufschütten. Er investierte beinahe sein gesamtes Vermögen. „Brath smitt sien Geld in`n Schaalsee", spöttelten die Zarrentiner Einwohner.

Eine **Brücke** (km 2) verbindet den Damm mit ⊛ **Strangen**. Von dort ergibt sich der beste 📷 Ausblick über den paradiesischen Kirchensee. In den frühen Morgen- oder späten Abendstunden macht sich der dämmerungsaktive Fischotter am See auf Beutesuche. Eine schmale Lindenallee bahnt sich ihren Weg auf die Halbinsel. Im Schatten der hoch aufragenden Bäume wächst der Trichterfarm. Einige der alten Riesen sind bei Stürmen 1991 und 2012 umgefallen und beeindrucken den Wanderer mit ihren riesigen Wurzeltellern.

Die Lindenallee stammt noch aus der Zeit, als besonders wohlhabende Hamburger Bürger sich hier ihre Wochenendhäuser errichteten. Bis zum Zweiten

Die Brücke am Kirchensee zur Halbinsel Strangen

Weltkrieg gab es die Ferienhäuser und ein Kinderheim. Während der Zeit der innerdeutschen Grenze lag das Gebiet in der Sperrzone und durfte nicht betreten werden. Die Gebäude wurden abgerissen oder zerfielen. Im Unterholz sind indessen noch ein paar Mauerreste zu erspähen und die ⌘ **Eingangstreppe vom Fährhaus ❸** (km 2,7) steht einsam und verlassen mitten am grünen Waldtunnel.

Auf der Runde um den Kirchensee wechseln sich längere Strecken mit undurchdringlichem, urwaldartigem Erlenbruchwald mit Magerrasenflächen ab. Wegmarkierungen sind nicht zu sehen. Sie halten sich immer links und ignorieren alle Abzweigungen nach rechts. Sobald der Pfad im Gras nach Westen umschwenkt, wird ein Stichgraben gequert. Den Kampf mit den Wasserlinsen um die Wasseroberfläche hat die Pflanze Froschbiss gewonnen. Im Sommer recken sich ihre weißen Blüten über die winzigen, seerosenartigen Blätter. In dem abgelegenen, sumpfigen Gelände brüten Kraniche.

Auf der **Südseite** schlängelt sich der nun wieder breite Waldweg direkt am Seeufer entlang und belohnt Sie mit famosen 📷 Ausblicken. Rechter Hand auf dem kleinen Steilhang begeistern alte Bäume und vor allem einige spektakuläre **Totholzstümpfe**. Ein besonders gewaltiges Exemplar (km 4,3) lässt sich bequem durchsteigen. Schließlich kommen Sie wieder an der Gabelung beim **Strangendamm** (km 4,9) an. Auf dem bekannten Uferweg am Schaalsee geht es bis zum **Strandbad in Zarrentin** zurück.

⑮ Vom Zarrentiner Moor zur Schaalmühle

✗ ⊼ WC ⚒ ⌘ ✿ 🏠

Tour für Naturfreunde   👪 🐕 🐕

Ein interessanter Moorlehrpfad erforscht das Kalkflachmoor von Zarrentin. Auf weniger bekannten Wegen spazieren Sie dann durch das Flussgebiet der Schaale. Es zeigt Ihnen den Wandel von der Natur- zur Kulturlandschaft.

↻	Start/Ziel: Pahlhuus, Wittenburger Chaussee 13, Zarrentin, GPS N 53°32.655' E 010°55.760'
➲	5,6 km
⧗	1 Std. 30 Min.
↑↓	18 m/18 m
⇧	11-69 m
✎	grün-weiße Wander- und Radwegweiser, Infotafeln, streckenweise unmarkiert, etwas Orientierungssinn erforderlich
⚒	Die 800 m lange Moorstrecke wird mit einem Holzbohlensteg überbrückt. Durch das Wiesen- und Bruchwaldgebiet verläuft ein schmaler, grasiger Pfad. Im Forst vor Schaalmühle werden die selten benutzten Waldwege hin und wieder von schweren Fahrzeugen zerpflügt. Mit hohem Gras, jungen Sträuchern und kleinen Bäumchen mitten auf dem Weg ist zu rechnen. Von Schaalmühle führt Sie ein guter Feldweg nach Zarrentin zurück.
✗	Café im Pahlhuus, mehrere in Zarrentin (☞ Tour 14)
⊼	Rastplatz (km 0,8), Bank (km 1,4)
WC	Pahlhuus am Start/Ziel
⚒	mehrere Einkaufsmöglichkeiten in Zarrentin (☞ Tour 14)
👪	viel zu spielen am und im Pahlhuus, ✋ nicht vom Weg abweichen: im Moor und für 500 m im Wald vor Schaalmühle im ehemaligen Militärgelände wegen gefährlicher Munition, zwei Querungen der verkehrsreichen Landstraße L041
🚼	für Buggys für 1,2 km im Wald vor Schaalmühle wegen stark zerfurchter und bewachsener Forstwege nicht geeignet, Treppe beim Pahlhuus
🐕	Bohlensteg im Moor, im Erlenbruchwald Wasserzugang, für den Rest der Tour lieber Wasser mitnehmen, Leinenpflicht im Naturschutzgebiet und Wald, die letzten 2 km bei Schaalmühle auf den Feldwegen Auslaufmöglichkeit, keine Mülleimer unterwegs
🅿	Parkplatz am Start/Ziel, € 1/Std.

Haltestelle Pahlhuus, Linie 540 Hagenow–Wittenburg–Zarrentin, Mo-Fr 4x tgl., Anschluss Haltestelle Bahnhofstraße: ☞ Tour 14

Bevor Sie zur Wanderung aufbrechen, können Sie sich im ⌘ Naturparkzentrum **Pahlhuus** umfassend über die von der Eiszeit geschaffene Naturlandschaft einerseits und andererseits über die vom Menschen geschaffenen Kulturlandschaften des Schaalsees informieren. Die freundlichen Mitarbeiter geben auch Auskünfte und Tipps über alles Wissenswerte zu touristischen Angeboten, Wanderungen und Natur, falls unter den zahlreichen Informationsbroschüren und Karten nicht das Passende dabei ist. Für Kinder gibt es einiges zum Ausprobieren und spielerischen Lernen.

⌘   Pahlhuus, Informationszentrum des UNESCO-Biosphärenreservates Schaalsee und Amtssitz des Biosphärenreservates Schaalsee-Elbe, Wittenburger Chaussee 13, 19246 Zarrentin am Schaalsee, ☎ 03 88 51/30 20, ⏱ Febr.-März Sa/So 10:00-16:00, April-Nov. tgl. 9:00-17:00, Ausstellung, 🛈 Touristeninformation, Veranstaltungen, Führungen, Theater, Lesungen, Vorträge, geführte Rad- und Wandertouren, See-Pferd-Tour (☞ Tour 14) Kinderaktivitäten, Spielplatz, Eintritt frei, WC
☕   Café im Pahlhuus
🪑   Biosphäre-Schaalsee-Markt, am Pahlhuus, ⏱ April-Nov. jeden ersten So im Monat, 10:00-17:00, regionale Produkte aus umweltschonender Herstellung: Lebensmittel, Kunsthandwerk, dazu Musik und Spiel, Moorführung, Gesundheitsvortrag

Links vom Eingang überwindet eine Treppe den Absatz hinab zur sandigen Fahrstraße in der Wolfsschlucht. Nach rechts setzt sich der nahe ✿ **Moorlehrpfad** ❶ (km 0,2) von der Straße über die Wiesen zum Wald hin ab.

✋   Wegen Reparaturarbeiten am Bohlensteg ist der Moorlehrpfad momentan noch geschlossen. Voraussichtlich wird er im Spätsommer 2018 (spätestens zur Saison 2019, Infos beim Pahlhuus) wieder freigegeben. Solange müssen Sie durch die Wolfsschlucht nach links Richtung Strangen ausweichen. Vorm **Strandbad** (☞ Tour 14) schlagen Sie den Weg nach rechts nach Schaliss ein. Beim 🪑 **Rastplatz am Moor** kommen Sie nach 600 m wieder auf die ursprüngliche Strecke.

Moorschönheiten wie Sumpf-Blutauge, das weiße Sumpf-Herzblatt und das blauviolette Fettkraut gedeihen hier. Die seltene Binsenschneide hat in dem

Feuchtgebiet ihr größtes Vorkommen in Mecklenburg-Vorpommern. Eisvogel, Kolbenente und Rohrweihe zählen zu den Bewohnern. Ringelnatter und Mooreidechse sonnen sich auf den Holzbohlen. Das Quaken der Laubfrösche ertönt. An besonders sehenswerten Stellen ragen kleine 🏞 Aussichtsplattformen vom Plankenweg in das Gebiet hinaus. Am Ende rundet ein ⊼ Rastplatz (km 0,8) den Gang ab.

Das Kalkflachmoor von Zarrentin

Mit den Gletschern der letzten Eiszeit wurden kalkhaltiges Gestein und Erde nach Norddeutschland transportiert. Sie wurden vom Eis zermahlen und beim Abtauen in den Moränen abgelagert. Regen- und Quellwasser rissen den kalkhaltigen Boden mit sich in die Seen. Im Schaalsee wandelt die heimische Armleuchteralge Chara diese Substanzen bei der Fotosynthese u. a. in Kalk um. Dabei werden die Pflanzen, die einem vielarmigen Kerzenleuchter ähneln, langsam mit einer dicken weißgrauen Kalkschicht überzogen.

Die von Nord nach Süd wogenden Fluten spülen Kalk und absterbende Algen gegen das Südufer. Schicht um Schicht packt sich auf dem Seeboden übereinander, bis eine mehrere Meter dicke Kalkschlammdecke irgendwann die Wasseroberfläche durchbricht – wie bei der Insel Möwenburg. Dann siedeln sich Rohr und Schilf darauf an, die wiederum auf der Seekreide Torfschichten aufwerfen. Die ehemalige Südbucht des Schaalsees verlandete so allmählich zum Kalkflachmoor von Zarrentin. Der Kalk wurde als Düngemittel und Brandkalk abgebaut, der Torf als Heizmaterial verwendet. 2007 wurde das ca. 30 ha große Areal als Teil des Naturschutzgebietes Schaalelauf unter Schutz gestellt.

Im Erlenbruchsaum an der Schaale

Auf der Fahrstraße nach links geht es zum Strandbad in Zarrentin. Sie halten sich rechts, wo ein Radschild auf die Route durch das Wiesengelände verweist. Aus dem Erlenbruchgürtel linker Hand ist ein Baum quer über den Weg gestürzt. Er ist ein 📷 fotogenes Eingangstor. An der Schaale trennt ein Damm das Flüsschen von einem künstlich geschaffenen kleinen See. Er ist eine der wassergefüllten Gruben, die beim Abbau des Kalkes um 1900 entstanden. Der letzte Spatenstich erfolgte 1961. Ein kurzer Trampelpfad mündet an der ⛱ **Bank** am Ufer (km 1,4) mit 🏞 Seeaussicht.

Genauso paradiesisch eingebettet ist die **Holzbrücke über die Schaale** ❷ 100 m weiter. Wasserpflanzen und dicht wuchernde Ufervegetation verbreiten Dschungelfeeling. Auf der anderen Seite empfängt Sie ein Bruchwald mit einem artenreichen Unterholz aus Sträuchern.

Die Schaale

Die Schaale entspringt im Schaalsee und fließt über die Sude in die Elbe. Im Mittelalter war dieses so beschauliche Gewässer ein bedeutender Schiffhandelsweg für Salz und andere Güter. Entlang des Flusses wurde Holz geschlagen und über das Wasser zur Lüneburger Saline geflößt. Mit ihrer Schließung 1830 begann die Wiederaufforstung.

An der breiten Forststraße ändert sich die Richtung. Statt weiter nach Schaliss wandern Sie nach Süden Richtung Bantin. Im Wald verstreuen sich mehr als ⌘ 20 bronzezeitliche **Hügelgräber** unter den Kiefern. Der sandige Boden ließ sich gut mit einfachen Geräten bestellen, weswegen sich hier Germanen niederließen. 1 km südlich von Zarrentin wurden beim Abbau von Kies weitere Grabstellen der späteren Bronzezeit zutage gefördert. Kaum 50 cm tief im Boden waren die Grabbehälter beigesetzt. In ihnen lagen neben den sterblichen Überresten Grabbeigaben aus Bronze wie Fibeln, Armringe und Ketten.

Geradeaus kreuzen Sie die **Landstraße L041** (km 2,2) zwischen Zarrentin und Bantin. Auf der anderen Seite setzen Sie Ihren Weg beim Naturschutzschild in den Wald nach Süden fort. Auf dem unmarkierten, tief zerfurchten, verwilderten Forstweg orientieren Sie sich an der nächsten Gabelung (km 2,5) nach rechts. Ein Abzweig nach links wird ignoriert. ✋ Dort warnt ein Schild (km 2,7) davor, die Wege nicht zu verlassen, da Sie sich im munitionsbelasteten Gelände des ehemaligen deutsch-deutschen Grenzgebietes befinden. An der folgenden Kreuzung sind es nur wenige Schritte nach rechts zur **Bahntrasse** (km 2,9). Sie überschreiten die Gleise und laufen schnurgerade nach Süden.

Schließlich stoßen Sie beim **Bauernhof am Waldrand** (km 3,4) wieder auf die markierte Wanderroute. Richtung Zarrentin stehen Sie bald an der pittoresken ⌘ **Schaalmühle** ❸ (km 3,6) im gleichnamigen Örtchen.

Fachwerkhaus in Schaalmühle

Schaalmühle

Das Mühlengehöft trat erstmals 1279 in Erscheinung. An der Schaale und Schilde taten mehrere Mühlen ihren Dienst (🖙 Tour 4). Diese Wassermühle ist allerdings als einzige vollständig erhalten geblieben. Gemahlen wurden Getreide, Schrot oder Graupen. Zeitweise wurde die Schaalmühle auch als Ölmühle eingesetzt. Aus fetthaltigen Samen wurde Öl ausgepresst. Zum Betrieb der Mühlenräder wurde der Schaale das Wasser abgegraben und über einen Umlauf unter der Mühle durchgeleitet. Mit dem Bau des Schaalseekanals (☞ Tour 7) wurde das Flusswasser dort zur Stromgewinnung benötigt. Der Schaalseeabfluss an der Mühle wurde deswegen durch ein Wehr gesperrt und der Mühlenbetrieb auf elektrischen Strom umgestellt. Zu DDR-Zeiten zerkleinerte die Schaalmühle 1980 zum letzten Mal Schrot für die LPG.

Die Fischtreppe der Schaale in Schaalmühle

Zurück nach Zarrentin spazieren Sie zwischen Mühle und dem Umlauf hindurch, auf dem majestätisch ein Schwan seine Kreise zieht. Nur einen Steinwurf entfernt passieren Sie die Schaale mit der neu angelegten ⌘ **Fischtreppe**. Oben vor der Hauptstraße (km 3,8) ist der Wegweiser nach Zarrentin nicht richtig eingestellt. Um den gewaltigen toten Baumstumpf herum müssen Sie den Feldweg wählen. Dieser leitet Sie entlang der Schaale durch die Bahnunterführung zur **L041** (km 5,1) zurück. Sie queren die Landstraße aber erst beim Ortsschild von Zarrentin nach 200 m. Ausgeschildert ist dort „Parkplatz Festwiese". Der Wanderwegweiser ist erst ein gutes Stück weiter die sandige Fahrstraße hinein zu erspähen. Am Zugang zum Moorlehrpfad vorbei kommen Sie wieder zum **Pahlhuus** zurück.

Rund um Mölln

Till Eulenspiegel auf dem Marktplatz in Mölln (Tour 18)

⑯ Kreisforst Farchau: Alter Frachtweg

✗ ⍕ WC ⊡ ≈ ⌘ ⛴ ✿

Für Waldliebhaber

Durch den Kreisforst Farchau führt der Alte Frachtweg, ein Nebenweg der Alten Salzstraße. Entlang des historischen Weges im für schleswig-holsteinische Verhältnisse fast bergigen Waldgelände besuchen Sie Wisente, umrunden den geheimnisvollen Pinnsee und streifen durch die sehenswerte Stadt Mölln.

↻　Start/Ziel: Wanderparkplatz am Wasserkrüger Weg, Fredeburg, GPS N 53°40.269' E 010°43.525', alternativer Startpunkt: Wassertor nördlich der Altstadt, Mölln, GPS N 53°37.941' E 010°41.575'

➲　17,7 km

⧗　4 Std. 30 Min.

↑↓　228 m/228 m

⇧　0-90 m

✎　Nr. 4, roter und grüner Baum, gelbes Geweih, blauer Schuh, weißes X vom Fernwanderweg, ein paar Informationstafeln, viele Wege, daher öfters Zeichenwechsel, aber gut markiert

⛲　Im hügeligeren Waldgelände summieren sich auf der längeren Tour doch die Höhenmeter. Bei Regen kann der steile An- und Abstieg zum Pinnsee etwas rutschig sein. Dort sind die Pfade auch etwas schmaler und wurzelig, ansonsten geht es über gute, breite Forstwege.

✗　am Start/Ziel, Waldhof am südlichen Waldrand (km 6,9), viele Einkehrmöglichkeiten in Mölln (km 9,8)

⍕　mehrere Bänke, Rastplätze (km 1,2, km 10,8), Schutzhütte (km 8,1)

WC　in Mölln: Luisenbad (km 9,3), Brücke Wassertor (km 9,8)

⊡　Einkaufsgelegenheit am Start/Ziel und große Auswahl in Mölln (km 9,8)

≈　Pinnsee (km 4,7, km 4,9, km 5,2), Schulsee (km 9,3)

👪　Wisentgehege, Bademöglichkeit im See, Spielplätze am Hotel Waldhof und im Luisenbad in Mölln, Schiffstour in Mölln möglich (☞ Tour 18), in Mölln Stadtverkehr, Querung der stark befahrenen Landstraße nach Schmilau

🛒　lange Treppe in Mölln hoch zum Heidberg, Wege am Pinnsee etwas wurzelig, zwischen Waldhof und Mölln längere Strecke von 700 m auf grasüberwachsenen Waldwegen, mühselig zu schieben

🐕 auf der gesamten Tour im Kreisforst Leinenpflicht, kaum Wasser, Vorräte mitnehmen, Hunde am Badeplatz am Pinnsee nicht erlaubt, dort aber mehrere Stellen zum Abkühlen nahebei, kleiner Holzsteg am Pinnsee, lange Treppe in Mölln

🅿 gebührenfreier Parkplatz am Start/Ziel, alternativ: Parkplatz Schmilauer Straße in Mölln, GPS N 53°37.941' E 010°41.679', Mo-Fr 8:00-18:30 € 0,20/12 Min., Tageskarte € 3

🚌 Haltestelle Fredeburg an der B207, Linie 8700 Ratzeburg–Wandsbek, Mo-Fr alle 30-60 Min., Sa/So mehrmals tgl., Linie 8710 Lübeck–Mölln, Mo-Fr stdl., Sa/So mehrmals tgl., in den Städten gute Zug- und Busanbindungen

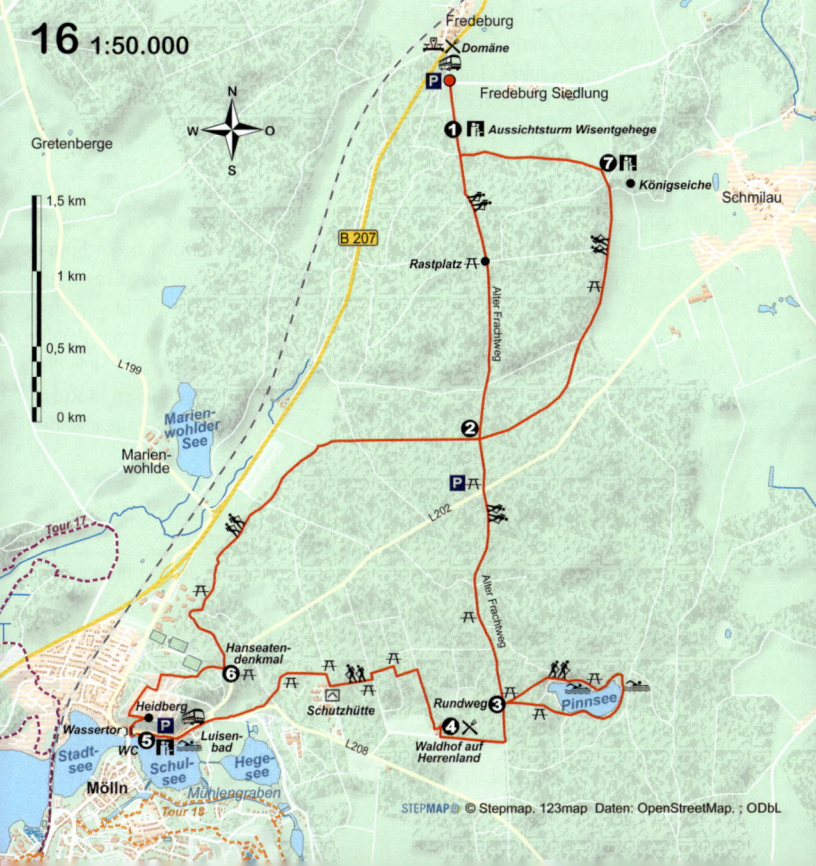

Vom **P** **Wanderparkplatz** am Wasserkrüger Weg erstreckt sich ein gepflaster-
ter Weg, der ⌘ **Alte Frachtweg**, schnurgerade nach Süden in den Kreisforst Farchau.

Alter Frachtweg

Noch vor rund 150 Jahren rollten die Salztransporte auf dem Alten Frachtweg.
Er ist die östliche Trasse der „Alten Salzstraße" von Lüneburg nach Lübeck, früher auch „Via Regia" – Königsweg – genannt (☞ Tour 19). Auf ihr verkehrten
die Frachtwagen, deren Güter von den Ilmenauschiffen in Boizenburg umgeladen
wurden. Dann ging es über Land nach Fortkrug, Langenlehsten, ins Hellbachtal,
nach Mölln, Ratzeburg und Lübeck. Er blieb aber ein Nebenweg. Die meistge-
nutzte Handelsroute verlief durch die Furt bei Artlenburg nach Sandkrug
(☞ Tour 22), Schnakenbek, Lütau, Breitenfelde, Mölln und weiter nach Lübeck.
Von ihr existieren nur Bruchstücke, während der östliche Frachtweg größtenteils
noch erwandert oder beradelt werden kann.

Das historische Pflaster ist recht grob. Gut vorstellbar, wie laut die Wagen hier
damals rumpelten. Dabei ist die gepflasterte Strecke noch eines der besseren
Wegstücke. Die Fuhrleute kämpften früher mit Sand, Schlamm und tiefen Spur-
rillen. Das Vorwärtskommen war mühselig. Sie können heute am Wegesrand auf
einen gut befestigten Sandweg ausweichen und auch die restliche, nicht gepflasterte Trasse ist gut zu gehen. Links und rechts des Weges befinden sich am Waldrand die ✿ **Wisentgehege**. Vom 🏛 **Aussichtsturm** ❶ (km 0,3) lassen sich die
urtümlichen Riesen in Ruhe
auf der Sommerweide
beobachten.

Das Wisentgehege bei Fredeburg

Die Fredeburger Wisente

Wisente sind europäische
Wildrinder, die vor Jahr-
hunderten wild in kleinen
Gruppen in den Wäldern
Europas lebten. Die zotteli-
gen Riesen sind zwar mit
dem amerikanischen Bison
verwandt, aber trotzdem

bleiben es zwei unterschiedliche Arten. Anfang des 20. Jh. waren sie fast ausgestorben. Mittlerweile finden sich etwa 2.000 frei lebende Tiere in Europa.

Familie Wisent in Fredeburg besteht aus dem Bullen Döbert und seinen Damen Flaute, Flire, Flanke und Fleder. 2015 kam junger Nachwuchs dazu. Zum frischen Gras auf der Weide wird Kraftfutter dazugegeben. 30 bis 60 kg fressen ausgewachsene Tiere täglich. Wegen der Unterhaltskosten stand das Wildgehege 2015 kurz vor dem Aus. Die Kreisjägerschaft hat quasi in letzter Sekunde die finanzielle Obhut übernommen.

Von der **Kreuzung am Ruheforst** (km 0,5) folgen Sie dem Alten Frachtweg im ständigen Auf und Ab über die Moränenhügel mit der „Vier" weiter Richtung Süden nach Gudow. Das Pflaster tauscht den Platz bald mit einem sandigen Forstweg. Im Wald wachsen hauptsächlich Buchen, aber auch Lärchen, Douglasien und kleine Areale mit Fichten stehen am Wegesrand.

☺   Bevor Sie aufwärts in einem typischen **Hohlweg ❷** (km 2,4) verschwinden, erwartet Sie an der Kreuzung ein wahrer Schilderwald. Entweder können Sie hier

Auf dem alten Frachtweg

die Tour abkürzen und nach links zurückkehren oder Sie merken sich die Stelle, denn hier kommen Sie auf dem Rückweg von Mölln wieder vorbei.

Richtung Gudow kreuzen Sie die **Landesstraße L202** (km 2,8) zwischen Mölln und Schmilau. Nun macht sich das weiße X am besten bemerkbar. Allerdings biegt der Fernwanderweg ein Stück weiter nach rechts ab (km 3,8). Sie gehen unverändert auf dem Frachtweg geradeaus, bis linker Hand der **Rundweg Pinnsee ❸** (km 4,2) ausgeschildert ist.

Kurz hinter dem Schlagbaum gabelt sich der Weg. Sie wählen links und kommen oberhalb des Nordufers an den 🌼 **Pinnsee**. Der Seerundweg bietet einige schöne Ausblicke auf den Klarwassersee (☞ Tour 20, Krebssee). Teile des Sees verlanden. In der Uferzone gedeihen Sumpfcalla, Schnabelsegge und Torfmoose. Die gelbe Teichrose verleiht dem stillen Gewässer ein märchenhaftes Flair. Auf Rücksicht auf die Natur sollte lieber nur an dem 〰 **Badeplatz** am Ostufer (km 5,2) ins Wasser gewatet werden.

〰   Die DLRG überwacht bei Badewetter von Juni bis Sept. von 14:00 bis 18:00.

Auf dem Südufer können Sie den Seeweg gleich an der **Gabelung** (km 5,7) aufwärts mit dem gelben Geweih Richtung Hegesee oder ein kleines Stück weiter an der Westspitze verlassen. Oben zurück am **Frachtweg** (km 6,2) wenden Sie sich weiter südlich am Waldrand nach rechts in eine wunderschöne Allee mit Kastanien und Linden. Diese kommt am Hotel **Waldhof auf Herrenland ❹** (km 6,9) vorbei.

✗   Waldhof auf Herrenland, Auf dem Herrenland 2, 23879 Mölln, ☏ 045 42/21 15,
      🖥 www.hotel-waldhof.de, 🍴 tgl. ab 12:00, Kuchenbuffet tgl. 15:00-18:00, gehobene
      Küche im Viersternehotel, stilvoll von innen und außen im alten Fachwerkgebäude
      inmitten einer großen Parkanlage, Konzerte, Lesungen, Krimi-Abende, Open-Air-
      Filme, Kinderstuhl vorhanden, kein Wickeltisch, Spielplatz

Direkt am Waldhof vorbei weist das gelbe Geweih Richtung Hegesee auf den Waldweg am Schießstand vorbei. Das laute Knallen der Schüsse war schon lange vorher im Kreisforst zu hören. An der nächsten **Kreuzung** (km 7,4) wechseln Sie nach links auf den Fernwanderweg. Bald gesellen sich blauer Punkt und Schuh dazu. Sie führen sicher zur ⌂ **Schutzhütte** (km 8,1) und zum Stadtrand von

Mölln. Nachdem Sie steil über eine Treppe in den Talgrund abgestiegen sind, setzt sich der Fernwanderweg (km 8,7) bald nach rechts ab. Sie gehen weiter abwärts mit blauem Punkt und Schuh nach **Mölln** (km 9) hinein. Die Landesstraße L208 schwingt sich zum **Schulsee** hinab. Am Ostende lockt das **Luisenbad** (km 9,3).

≋   Luisenbad, Am Schulsee, 23879 Mölln, ☎ 045 42/829 38 64, ▯ Mitte Mai bis Mitte Sept. tgl. 10:00-20:00, in der Mittagspause Baden verboten (12:00-13:00), bei schlechtem Wetter geschlossen, Spielplatz, Liegewiese, Sprungturm, WC, Kiosk

In der Parkanlage am Nordufer bietet die 🎦 **Aussichtsplattform ❺** (km 9,7) einen wunderbaren Blick über das Wasser auf die Altstadtsilhouette. Die Brücke **Wassertor** (km 9,8) ist der Zugang zur Altstadt. Dort kann auch eine 🚢 Boots-tour am Schiffsanleger begonnen werden. Gegenüber auf der anderen Straßen-seite sind am Haus Nr. 4 die Zeichen weißes X/grüner Baum Richtung Ratzeburg zu erspähen. Dort erklimmt eine steile, lange Treppe den **Heidberg** (km 9,9). Oben im ruhigen Wohn-viertel tauscht wenig später der grüne Baum mit der Nummer Vier. Das X bleibt zwar noch ein Weil-chen, aber auf der anderen Seite im Wald müssen Sie dann mit der Vier zu den Sportplätzen die Steil-flanke (km 10,6) hinab. Der grüne Baum Richtung Ratzeburg dirigiert Sie zum **Hanseatendenkmal ❻** (km 10,8).

Gedenkstätte bei Mölln

Kriegerdenkmäler

Nach dem Ende der Dänenzeit konnte 1865 das erste der drei Denkmäler für die Gefallenen der Hanseatischen Legion vom 12. November 1813, die im Kampf gegen die Franzosen in der Schlacht bei Mölln gestorben sind, eingeweiht werden. Die Truppe bestand aus Bürgern der drei Hansestädte Hamburg, Bremen und Lübeck, die in den Befreiungskriegen gegen Napoleon mitwirkten. Nur ein paar Schritte sind es zur Gedenkstätte für die Gefallenen im deutsch-französischen Krieg 1870/71. Oben auf der Anhöhe thront der etwas protzige Bau für die Gefallenen des Ersten Weltkrieges.

Sie können sich sowohl für den Weg links (🚼 nicht für Buggys geeignet) als auch für den rechts vom Hanseatendenkmal Richtung Ratzeburg entscheiden. Sie treffen etwas weiter wieder zusammen (km 11,4). Zunächst entlang des Waldrandes, dann quer nach Osten durch den Kreisforst gelangen Sie erneut zur großen **Kreuzung am Hohlweg ❷** (km 14,1). Sie kreuzen den Frachtweg mit X und rotem Baum. Am östlichen Waldrand schweift der Blick über ausgedehnte Erdbeerfelder. Die Gegend um Schmilau ist das Hauptanbaugebiet.

☺   Am **Abzweig vom Radweg** (km 16,1) steht mitten im Wäldchen rechter Hand des Weges die **Königseiche**. Sie ist leider nicht ausgeschildert, aber der zu den monumentalsten Schleswig-Holsteins zählende Baum ist ein echter Riese. Er ist etwa 350 Jahre alt, 32 Meter hoch und hat einen Umfang von fünf bis sechs Metern. Vier Mann können den mächtigen Stamm gerade umfassen. Ihren Namen erhielt die Königseiche wegen ihres außergewöhnlichen Wuchses. Aber auch direkt am Wegesrand sowie überall in den Wäldern von Mölln gibt es besondere alte Bäume. Daher will der Kreis im Rahmen einer nachhaltigen Forstwirtschaft die alten Eichen zukünftig schützen und auf die wirtschaftlichen Erlöse verzichten.

Um die Ecke am nördlichen Waldrand öffnet sich ein schöner 🏞 **Fernblick ❼** (km 16,3) über die Felder Richtung Fredeburg. Nun brauchen Sie nicht mehr lange bis zur **Kreuzung am Ruheforst** (km 17,2) und über den Frachtweg zum 🅿 **Wanderparkplatz** nahe Fredeburg.

🍽   Bio-Hofladen Domäne Fredeburg, Am Wildgehege 5, 23909 Fredeburg, ☎ 045 41/86 21 34, 🖥 www.domaene-fredeburg.de, 🕐 Mo-Fr 9:00-18:30, Sa 9:00-16:00, große Auswahl mit Traktor als Deko, 250 m vom Start/Ziel an der B207

✕   Café im Bio-Hofladen

⑰ Im Pirschbachtal ✕ ⊼ ◨ WC ⚐ ⌘ ✾

Für Naturfreunde

Die offene Tallandschaft des Pirschbaches wird von Laubmischwäldern und zwei „Bergen" eingerahmt. Von Mölln aus lässt sich der liebliche Talraum mit Feuchtwiesen, Quellbereichen, kleinen Erlenbruchwäldern und mächtigen Alteichen und Altbuchen bequem erwandern.

↻	Start/Ziel: Bahnhof Mölln, Grambeker Weg, Mölln, GPS N 53°37.468' E 010°41.024'
➲	9,3 km
⧗	2 Std. 30 Min.
↑ ↓	101 m/101 m
⇧	4-63 m
✎	oranger und roter Schuh, roter Punkt, gelber Frosch, im Stadtgebiet schlecht markiert, Weg aber zu finden, Infotafeln
⚒	In Mölln geht es auf sandigen Wegen am Wasser entlang. Nach dem kleinen Aufstieg durch das Wohnviertel am Herzberg ins Pirschbachtal warten dort Wald- und Wiesenwege. Am Talrand sind flache Hügelkuppen zu überwinden. Auf dem alten Treidelweg geht es zurück zum Ziegelsee. Im Sommer steht die Hitze auf den längeren Strecken ohne Schatten.
✕	größere Auswahl in Mölln (☞ Tour 18), unterwegs keine Einkehrmöglichkeit
⊼	mehrere Bänke am Ziegelsee am Anfang und Ende, dann erst wieder weit ins Pirschbachtal hinein (km 2,7), auf der Nordseite des Baches bis zum Kanal regelmäßig Bänke, Schutzhütte am Kanal (km 6,3)
WC	am Bahnhof
⚐	einige Einkaufsmöglichkeiten in Mölln
👪	mit Glück Eichhörnchen im Wald beobachten, Gehweg an Möllns Hauptverkehrsader beim Bahnhof, am Anfang und Ende durch ruhigen Vorort
🛒	im Pirschbachtal viele mit Gras überwachsene Wege, mühselig zu schieben, ansonsten problemlos, in Mölln kleiner Umweg wegen Treppe nötig
🐕	reichlich Auslaufgelegenheit auf der Tour, einige Mülleimer, anfangs und zum Schluss längere Strecken am Wasser
🅿	Parkplatz am Start/Ziel, GPS N 53°37.534' E 010°41.037', Mo-Fr 8:00-18:30 € 0,20/12 Min., Tageskarte € 3. Alternativ können Sie vom Wanderparkplatz am Pirschbachtal starten, GPS N 53°38.695' E 010°41.363', gebührenfrei.
🚌	ZOB in Mölln nahebei, gute Busanbindung ins Umland

Lübeck–Lüneburg, stdl., mit Umsteigen in Büchen nach Hamburg

Sie überqueren nördlich vom 🚂 **Bahnhof Mölln** den Bahnübergang. Nach rechts entlang des Bahndammes ist die Jugendherberge ausgeschildert. Sie passieren den 🅿 Parkplatz Ziegelsee. An den Wassersportklubs vorbei öffnet sich linker Hand ein weiter 📷 Ausblick über den **Ziegelsee**. Im Süden bilden die Hafenanlagen mit Silos und Lagerhäusern eine markante Silhouette. Der Westteil des Sees geht nahtlos in den Elbe-Lübeck-Kanal (☞ Tour 21) über. Das Nordufer ist vom Wohnviertel am Herzberg belegt.

Am Bahndamm beim Stadtsee

Dort verbindet der schmale, idyllische **Stadtkanal** den Ziegelsee mit dem Stadtsee. Die Brücke (km 0,8) offenbart sich als ein vortrefflicher 📷 Aussichtsplatz. Oft gleiten kleine 🚢 Ausflugsboote darunter hindurch. Sie nehmen den Uferweg nach rechts, der gerne von Enten als Rastplatz genutzt wird. Während der Wasserlauf unter der Eisenbahnbrücke in den Stadtsee abdreht, leitet Sie der Bahndamm geradeaus weiter ins ruhige Wohnviertel (km 1,1) am Herzberg. Nach rechts mündet die Straße **Doktorhof** bei der Bushaltestelle in den **Stecknitzweg**

(km 1,4). Ein paar Schritte nach rechts müssen Sie linker Hand die **Treppe** hochsteigen. Die Markierung mit dem orangen Schuh ist leider nur beim Umdrehen zu sehen.

☺ Wer die Treppe vermeiden will, läuft weiter nach rechts. Nach der Kurve stoßen Sie auf die Straße Bullenberg, auf der Sie nach links oben wieder zur Treppe gelangen.

Oben wenden Sie sich nach links. Die verkehrsarme Straße unterquert die B207, umkurvt das Kieswerk linker Hand und schwingt sich ins Möllner Naherholungsgebiet ✿ **Pirschbachtal** hinab. Am Schlagbaum beginnt der Wanderweg **Ingeborg-Dittmer-Weg** ❶ (km 1,9) auf der südlichen Talseite. Wiesen, Weiden und kleine Wäldchen prägen die Landschaft. Sobald Sie einen bewaldeten Moränenhügel umlaufen haben, erreichen Sie kurz hinter der ⊼ **Bank** (km 2,7) eine Gabelung. Mit der Markierung roter Schuh nach links überschreiten Sie gemächlich die Nordflanke des **Herzberges** zur Straße **Lankauer Weg** (km 3,1) mit Fußweg. Nach Norden ist von der kleinen Holzbrücke zum ersten Mal der **Pirschbach** (km 3,5) zu sehen, der tief eingesenkt zwischen Hochstaudenrieden und Erlen fließt. 100 m weiter hüten sagenhaft zerklüftete **Kopfweiden** ❷ den östlichen Eingang ins Pirschbachtal.

Vom Talweg entlang der bewaldeten Hänge des Voßberges erleben Sie die Wiesenlandschaft nun aus nördlicher 🏠 Perspektive. Fehlt die gelbe Froschmarkierung, halten Sie sich links. Im Herbst können massenhaft Brombeeren genascht werden. Zum Talschluss hin senkt sich der Talgrund ab. Im Mittelalter bedeckte der Stausee **Knakendiek** die Vertiefung. Er lieferte das nötige Wasser für das Tuchmachergewerbe.

An der sandigen **Fahrstraße** (km 5,5) schicken Sie gelber Frosch und roter Schuh hinauf zur nahen ⌘ **alten Ziegelei** ❸ (km 5,6), die heute nur noch eine Wohnanlage ist. Vor dem **Elbe-Lübeck-Kanal** (km 5,8) gabelt sich der Weg. Markiert mit dem roten Schuh hilft erneut eine Brücke über den **Pirschbach.** An der nächsten Verzweigung wählen Sie den bewaldeten, reizvollen Kanalweg nach rechts. In den vielen alten Eichen turnen Eichhörnchen durch die Höhen. Im Röhricht ertönt im Frühjahr der Gesang von Nachtigall und Teichrohrsänger.

Die erste Ziegelei tat ihren Dienst hier im Ziegelholz nahe dem Fluss Stecknitz. Aus Mangel an Lehm wurde sie dann an die jetzige Stelle im Pirschbachtal umgesetzt. Ziegelbruch ist im Wald noch immer zu entdecken. Am **Ziegelsee** (km 7,3) kurz hinter der **Jugendherberge** (km 7,8) biegen Sie nach rechts Richtung Mölln ab. Im Wohnviertel am Herzberg nehmen Sie am ersten Abzweig (km 8,2) die Straße Im Wirrwinkel nach rechts. Sie endet in einer langen Kurve an der bekannten Brücke am **Stadtkanal** (km 8,6). Auf demselben Weg wie anfangs kehren Sie zurück zum **Möllner Bahnhof.**

Die Möllner „Skyline" am Ziegelsee

⑱ Möllner Seen ✕ ⅋ ☐ WC ⚓ 🌊 ⌘ 🚢 🐚 ☺ 🦌

Für Familien, Natur- und Tierfreunde   🚶🚶🚶 🚶🚶🚶 🚶🚶🚶 🚼 🚼 🚼 🚼

Mölln ist von drei Seiten – außer im Süden – von Wasser umgeben. Diese Tour erforscht das beliebteste Ausflugsziel der Gegend aus Kanälen, Seen und Bächen auf der Westseite. Obwohl Sie sich noch im Stadtbereich aufhalten, zeichnet sich das Gebiet durch eine ursprüngliche und vielfältige Wildnis aus. Als Highlight sorgen der exzellent angelegte Kurpark mit Wasserspielen, der Wildpark Uhlenkolk und Möllner Sehenswürdigkeiten für reichlich Unterhaltung – ideal für eine Spritztour mit der ganzen Familie.

↻	Start/Ziel: Stadtplan am Bauhof, Hauptstraße, Mölln, GPS N 53°37.639' E 010°41.239'
➲	10,5 km
⧖	2 Std. 45 Min.
↑↓	124 m/124 m
⇧	5-60 m
✎	blauer und gelber Schuh, oranger Vogel, weißes X vom Fernwanderweg, Informationstafeln
⚒	Im hügeligen Gelände rund um Mölln fordern verschiedene steile An- und Abstiege den Wanderer. Entlang der Seen und in den Bachtälern sind die gut befestigten Wege eher flach. Da Sie sich hauptsächlich im Wald aufhalten und mehrfach die Gelegenheit zum Abkühlen besteht, empfiehlt sich die Tour für heiße Sommertage.
✕	Kurpark (km 0,6, km 9,8), Wildpark (km 1,3, km 2,2), Pinnautal (km 7,1), größere Auswahl in Mölln, ☺ Café am Markt
⅋	viele Bänke, Schutzhütten (km 2,1, km 3, km 5,1, km 6,6)
WC	Kurpark (km 0,6, km 9,8), Wildpark Uhlenkolk: Eingang Nord beim Kiosk am Birkenweg (km 1,3), Naturparkzentrum beim Haupteingang Süd (km 2,3)
⚓	große Auswahl in Mölln
🌊	Schwimmbad in Mölln, Kneippbecken im Kurpark (km 0,6, km 9,8) und an der Hermannsquelle (km 1,2), Badesteg am Lüttauer See (km 5,1), Badeplatz Rolandseck (km 5,8)
🚶	Minigolf, viele Spielplätze und Spielmöglichkeiten unterwegs, Lehrpfad mit Interaktionen, im Wildpark Tiere beobachten, füttern und Streichelzoo, Bootstour auf den Möllner Seen möglich, baden im See und Schwimmbad, interessante Museen in Mölln, zwei Nebenstraßen zu queren

🚶 gute, gepflegte Wege, zum Wasserturm hinauf lange Treppen, alternativ weiter durch den Kurpark zum Wildpark

🐕 im Kurpark Leinenpflicht, ✋ kein Zutritt für Hunde im Wildpark (muss umgangen werden), sonst viel Auslauf, viele Mülleimer, viel Wasser unterwegs

P Parkplatz am Anfang der Tour am Kurpark, GPS N 53°37.607' E 010°41.380'. Alternativ können Sie vom Parkplatz Uhlenkolk starten, Birkenweg, GPS N 53°37.555' E 010°42.142', Mo-Fr 8:00-18:30 € 0,20/12 Min., Tageskarte € 3.

🚌 ZOB in Mölln nahebei, gute Busanbindung ins Umland

🚆 Mölln Bf. 500 m vom Start/Ziel, Lübeck–Lüneburg, stdl., mit Umsteigen in Büchen nach Hamburg

Der kleine Platz **Bauhof** an der Hauptstraße im Zentrum von Mölln ist günstig gelegen. Geschäfte und Restaurants verteilen sich um ihn herum. Nebenan liegt der 🚌 ZOB. Nahebei ist nordöstlich die Altstadt und südwestlich der 🚆 Bahnhof in wenigen Gehminuten zu erreichen. An der Schautafel mit Stadtplan können Sie sich erst einmal einen Überblick verschaffen. Oder Sie starten gleich vom großen **P** Parkplatz am Fuße des bewaldeten **Klüschenbergs**. Dort, am Ende der Bergstraße, befindet sich nach 230 m auch der Eingang zum 🏵 **Kurpark**.

Kurpark

Für die reizvolle, 40 ha große Anlage sollten Sie sich auf einem Rundgang Zeit nehmen. Verschiedene Themengärten, Wasserspiele, Minigolf, Boulebahn, Schach- und Mühlebrett, Kaffeegarten und ein Gesundheits- und Fitnessareal mit Kneipp-Tretbecken bereiten abwechslungsreiche Unterhaltung. Und natürlich darf die bekannteste Person Möllns nicht fehlen – die Narrenfigur Till Eulenspiegel. Schmiedeeiserne Kunstwerke erzählen die Laufbahn des Schelms aus dem Mittelalter, der mit seinen gewitzten Späßen der Gesellschaft einen Spiegel vorhielt.

🏵 Kurpark, 📅 April-Okt. 6:00-21:45, Nov.-März 6:00-20:00

✕ Minigolf und Kaffeegarten, Lindenweg 1, 23879 Mölln, 📞 01 60/507 57 70, 📅 Apr bis Anfang Okt. Mo-So 11:00-18:00

Auf dem Weg unterhalb des **Klüschenbergs** finden Sie den Treppenaufgang zum **Wasserturm ❶** (km 0,5) im Wald. Die zweite Treppenflucht von der Kaiser-Friedrich-Straße aus ist nicht ausgeschildert. Ein paar Schritte nach links gewinnt Ihr Weg auf den nächsten 91 Stufen schnell an Höhe.

🚲   Wanderer mit Buggy können bis zum Ende des Kurparks gehen und die Lindenweg hoch zur Wanderroute auf dem Birkenweg nehmen.

Wasserturm

Der Backsteinturm im neoromanischen Stil ähnelt mit seinem zinnenbewehrten Turmkopf eher einem Burgturm. Er übernahm die Wasserversorgung der Möllner von 1913 bis 1983. Das denkmalgeschützte Gebäude beherbergt ein kleines Naturkundemuseum. Die 76 m hohe Aussichtsplattform liefert einen phänomenalen Blick über Mölln. Leider ist der Turm seit einem Wasserrohrbruch 2013 geschlossen. Die Stadt hatte bisher kein Geld für die Renovierung.

Auf der Rückseite fällt ein dicker Baumstumpf mit ansehnlichen Baumpilzen auf. Daneben setzt sich der Verlobungsweg – wie ihn die Möllner nennen – fort. Zwischen Villen und Gärten knickt der verschwiegene Pfad abrupt nach links ab und mündet in den **Birkenweg** (km 0,8). Geradeaus weiter mit dem blauen Schuh kreuzen Sie wenig später den **Lindenweg**. Der Wanderweg verläuft dann parallel zum Birkenweg durch den Stadtpark.

Auf dem Weg entlang des bewaldeten Steilhanges kann Discgolf gespielt werden. Von einem festen Standort aus wird eine Frisbeescheibe in einen Fangkorb geworfen. An der zweiten **Spielstation** (km 1,2) geht es links 60 m zur 〰 **Hermannsquelle** und den Kneipp-Tretbecken hinab. Der Straßenname „Feldbäckerei" verweist auf den Ort, wo die Franzosen bei der Belagerung 1813 ihr Brot backten. Rechts den Steilhang hinauf finden Sie die Eingänge und den 🅿 Parkplatz vom 🦌 **Wildpark Uhlenkolk** (km 1,3).

✕   Kiosk Birkenweg, ☏ 045 42/906 75 05, 🗓 April-Okt. tgl. 9:00-18:00, Nov.-März
         Sa/So 11:00-17:00

Ob Sie nun auf den Spuren der Autorin den Wildpark erkunden oder auf eigene Faust umherschlendern, bleibt Ihnen überlassen. Dank der zahlreichen Wegetafeln im 24 ha großen Gelände können Sie auf den verschlungenen Wegen problemlos jederzeit zu allen Sehenswürdigkeiten hinkommen.

Wildpark Uhlenkolk

Die Anhöhe im nördlichen Bereich nimmt die Franzosenschanze ein. Sie war Standort einer mittelalterlichen Burg. Weil später der Verteidigungslinie während der Napoleonischen Kriege der natürliche Schutz fehlte, verschanzten sich die Franzosen erfolgreich hier. Daher blieb wohl der Name. Nebenan kann das Damwild im Freilaufgehege im Wald ganz aus der Nähe beobachtet werden. Bei den Gehegen mit etwa 30 verschiedenen einheimischen Tierarten, u. a. Wildschweinen, Dachsen, Waschbären, Uhus und anderen Greifvögeln, können die Tiere mit Futter des Wildparks gefüttert werden. Ein Streichelzoo erfreut die Kleinen. Im Findlingsgarten ist der zweitgrößte Stein des Parks mit 44,5 t zu bestaunen. Ein Highlight der verschiedenen Landschaftsformen im hügeligen Gelände ist der **Grundlose Kolk** ❷ in der Mitte, ein vermoortes Strudelloch. Ob er tatsächlich keinen Boden hat, sollte nicht ausprobiert werden. Mystisch und unheimlich wird es, wenn die Nebelschwaden darüber wabern. Ein interessantes Schauspiel veranstalten hier im Frühjahr die Männchen der Moorfrösche, wenn sie sich zur Paarungszeit blau färben.

Damwild in Wildgehege Uhlenkolk

🦌 Wildpark Uhlenkolk, 🕐 jederzeit, Eintritt frei

⌘ Naturparkzentrum Uhlenkolk, Waldhallenweg 11, 23879 Mölln,
💻 www.uhlenkolk-moelln.de, 🕐 April-Okt. tgl. 10:00-18:00, Nov.-März Fr-So 10:00-16:00, Eintritt in die Ausstellung frei, umfangreiches Programm mit Vorträgen, Theater, Kursen, geführten Touren im Wildpark und Naturpark Lauenburg, viele Aktionen für Kinder

✗ Waldhallencafé Uhlenkolk, Kontaktdaten ☞ Waldhalle, 🕐 25.3.-1.10. Di-So 10:00-18:00, Speisekarte eher Imbissniveau, aber sehr leckere Kuchen und Torten, Wickeltisch und Kinderstuhl vorhanden, Wasserbar für Hunde

Sie verlassen den Wildpark im Südwesten am Ende des Wildschweingeheges hinauf zum **Waldhallenweg** (km 3,6). Auf der anderen Straßenseite wählen Sie an der nächsten Fußwegkreuzung ein paar Schritte weiter den Weg nach links hinunter in den Talgrund. Das lang gestreckte Tal des **Langen Moors** durchfließt der Heilige Bach. Die Talhänge bedeckt Mischwald. Im Talraum begeistern ein verwunschener Erlenbruchwald und Niedermoor den Naturfreund. Nirgends sind so vielfältige Pilzformen zu sehen. An den Stationen des ✿ **Naturerlebnispfades** können insbesondere Kinder die Natur spielerisch kennenlernen. Der gelbe Schuh lotst Sie bis zur zweiten **Brücke an der** ✿ **Taufeiche** ❸ (km 4,9).

Es ist die Mühe wert, noch ein Stück weiter geradeaus zum 〰️ **Badesteg** (km 5,1) am **Lüttauer See** zu marschieren – schon alleine wegen der 🚹 Aussicht über den gesamten See.

Am Lüttauer See

Die uralte Taufeiche hat trotz eines Blitzeinschlages von ihrer beeindruckenden Größe nur wenig eingebüßt. Der Sage nach wurden an dieser Stelle die ersten Möllner Christen mit Bachwasser getauft. Das weiße X und die orange Schwalbe nehmen Sie ab hier zum Nordende des Lüttauer Sees mit. Am 〰️ **Badeplatz Rolandseck** (km 5,8) ergibt sich ein letzter grandioser 🚹 Seeblick. Das ist der Wendepunkt der Tour. Der Talweg zurück nach Mölln heftet sich immer an das Westufer. Wie der Name des anfänglichen Schmalsees verrät, ist in dem Rinnental nicht viel Platz.

Ein Abstecher nach 150 m am Südende auf dem Carmen-Langmaack-Weg zur **Brücke** am Erlenbruchwald kostet nicht viel Zeit. Sie bietet eine überragende 🚹 Aussicht nach Süden über den Lüttauer See und nach Norden über den Schmalsee mit seinen Seerosenteppichen und bewaldeten Talrändern.

Halten Sie nach dem weißen X Ausschau. Der Weg ist am besten markiert. Am Nordende des Schmalsees ist oben auf der Anhöhe das **Waldhallenhotel** (km 7,1) zu erkennen. Die Waldhalle feiert 2018 ihr 140-jähriges Bestehen.

1878 wurden die Gäste einfach an Tischen und Bänken am Wasser bedient. Das heutige schmucke Gebäude im Gründerzeitstil wurde 1927 gebaut.

✕   Hotel und Restaurant Waldhalle, Waldhallenweg, 23879 Mölln, ☎ 045 42/858 80,
        💻 www.waldhalle.de, 🕐 tgl. warme Küche 12:00-14:30 und 18:00-22:00, 14:30-
        18:00 nur Kaffee und Kuchen, gehobenes Ambiente, etwas teurer

Im anschließenden wildromantischen ✿ **Pinnautal** ➎ können Sie immer wieder umgestürzte Bäume als Picknickplätze benutzen oder sogar hinaus auf den Fluss balancieren. Bei der Brücke am Waldhallenweg (km 7,6) wurde im Fluss Pinnau eine **Fischtreppe** eingerichtet. Das Pinnautal weitet sich nun. Wiesen kommen dazu. Der Wasserlauf wurde hier umgeleitet, um früher die Möllner Getreidemühlen anzutreiben. In **Mölln** (km 8,6) wird die Pinnau daher zum kanalisierten Mühlengraben. Dort wechseln Sie auf das Ostufer. Der Weg **Auf den Dämmen** (km 8,7) erstreckt sich bis zur Altstadt. Vor dem idyllischen Stauteich mit 🎏 Altstadtpanorama zweigt der **Lindenweg** über eine kleine Holzbrücke zum **Kurpark** (km 9,7) ab. Von dort ist es nicht mehr weit zum **Bauhof**.

Der Kurpark von Mölln

⑲ Via Regia: Auf der alten Handelsstraße

Für Geschichtsbegeisterte und Kanalfreunde

Die Via Regia, die Königsstraße, ist ein mittelalterlicher Handelsweg von Lüneburg nach Lübeck. Ein besonders gut erhaltenes Stück führt von Hornbek westlich des Elbe-Lübeck-Kanals entlang. Auf ihrem landschaftlich reizvollen Weg durch die eiszeitliche Schmelzwasserrinne der Stecknitz-Delvenau-Niederung erzählt sie ihren spannenden Werdegang.

↻	Start/Ziel: Wanderparkplatz, Am Kanal, Hornbek, GPS N 53°33.545' E 010°39.335'
➲	12,5 km
⧖	3 Std.
↑ ↓	82 m/82 m
⇧	4-63 m
✎	grün-weiße Radschilder, grüne Wanderschilder, Infotafeln
⛴	Bis auf den letzten asphaltierten Kilometer geht es meist über gut befestigte sandige Wege. Auf dem Hinweg spenden Knicks und die bewaldete Hangkante Schatten. Der Rückweg am Kanal ist bis auf den späten Abend schattenlos. Der kurze, steile und unmarkierte Ausstieg vom Kanalweg zurück zum Parkplatz ist leicht zu übersehen und erfordert einen kleinen sportlichen Einsatz durch das Ufergebüsch.
✗	keine Einkehrmöglichkeit am Weg
⯊	Bänke (km 0,3, km 1,9, km 4,6, km 7,9), Schutzhütten (km 0,2, km 1,8)
⛹	Brombeeren im Wald, Schiffe beobachten am Kanal, Vorsicht: bei schönem Wetter und am Wochenende viele Radfahrer am Kanal, am Ende 1,5 km auf kaum befahrener Fahrstraße
🛴	100 m über Kanaldamm auf schmalem Trampelpfad durch Gebüsch und über Wurzeln für Buggys ungeeignet, Alternativstrecke vorhanden, streckenweise Grasabschnitte bzw. Kopfsteinpflaster
🐕	Wasser zum Trinken und Abkühlen am Mühlenbach (km 1,6) und am Kanal (km 5,9 bis km 10,9), Trinkstation beim Eisenbahnfan (km 2), Auslaufgelegenheit auf gesamter Strecke, bei schönem Wetter und am Wochenende allerdings viele Radfahrer am Kanal, Mülleimer bei Bänken und Schutzhütten
🅿	Parkplatz am Start/Ziel, gebührenfrei. Von Mölln kommend können Sie alternativ vom Wanderparkplatz am Priesterbach starten, GPS N 53°36.126' E 010°39.916'. Oder Sie beginnen in Mölln (☞ Tour 18). Dann wird die Tour 7,1 km länger.

Haltestelle Hornbek, Linie 8830 Mölln–Büchen, mehrmals tgl., sowohl in Büchen als auch in Mölln per Bus und Zug gute Anbindungen in alle Richtungen

Vom 🅿 **Wanderparkplatz** an der Straße zwischen Hornbek und Güster wenden Sie sich abwärts Richtung Mölln. Bereits nach 100 m markiert ein kleiner Findling mit der Aufschrift „Limes Saxoniae" den Fortgang des Wander- und Radweges entlang der **Via Regia**.

Via Regia

Als „Via Regia" bezeichnet man mittelalterliche Fernhandelsverbindungen, die als Landwege und teilweise als Kombination zwischen Land- und Wasserwegen kreuz und quer durch Europa verliefen. Der lateinische Name *via regia* – königliche Straße – bezeichnet keinen bestimmten Weg, sondern bezieht sich darauf, dass Reisende auf ihnen unter königlichem Schutz standen. Es konnte eine Art Schutzbrief erworben werden oder ein bewaffnetes Geleit verhinderte Überfälle. Dafür wurde eine Gebühr, der Geleitzoll, erhoben. Die Beraubten musste der Schirmherr ansonsten entschädigen. Wer sich ums Bezahlen drücken wollte, erhielt eine hohe Geldbuße, oder die Ware wurde als Zahlungsmittel einkassiert. Die Lauenburger hatten dazu einen Ruf als Raubritter, die ihren mageren Haushaltsetat gerne mal mit einem Überfall aufbesserten. Der Geleitzoll, eine Art frühe „Maut", wurde auch zur Erhaltung der Brücken und Straßen und für den Ausbau der Infrastruktur wie Brunnen und Pferdestationen verwendet.

Ab dem 13. Jh. konnten diese Geleitrechte vom König auch an fürstliche Landesherren verliehen und seit dem 14. Jh. auch an Städte weitergereicht werden. Sie wurden verkauft, getauscht, verpfändet, verpachtet und vererbt und waren lange Zeit wichtige Merkmale der Territorialmacht.

Im Herzogtum Lauenburg begann der alte Landweg an der Elbfurt Sandkrug/Schnakenberg (☞ Tour 22) und setzte sich über Lütau, Siebeneichen und Breitenfelde nach Mölln fort. Dort wurde die Ware auf Prähme verladen und auf dem Fluss Stecknitz nach Lübeck weiterverschifft. Die Kaufleute konnten aber auch ab Mölln den Alten Frachtweg über Fredeburg nach Lübeck wählen (☞ Tour 16). Die als Via Regia bezeichneten Wege dienten außerdem dem Militär als wichtiges Transportband, um das Heer schnell zwischen den großen befestigten Städten zu verlegen. Pilger nutzten und nutzen sie für die Wallfahrt. Die „Via Scandinavica" verbindet die skandinavischen Länder über die Jakobswege in der Mitte und im Süden Deutschlands mit Nordspanien (📖 Via Scandinavica, Conrad Stein Verlag, ISBN 978-3-86686-477-1, € 16,90). Als Salzhandelsstraßen erlangten die Routen erst Bedeutung, als um 956 die Lüneburger Saline ihre Arbeit aufnahm.

Sie marschieren immer geradeaus entlang der Magerrasenhänge der Delvenau. Brachflächen mit Heidevegetation wechseln sich mit der bewaldeten Hangkante ab. Die landwirtschaftliche Nutzung wurde aufgegeben. Das düngerfreie Gebiet wird nun von der Heide zurückerobert. Das lila Blütenmeer ist ein Tummelplatz für Insekten, Hummeln, Bienen, Schwebfliegen und Laufkäfer. Rechter Hand ermöglichen immer wieder Lücken in dem artenreichen Knick weite Blicke in das breite Tal. Die Gehölze sind der Lebensraum für viele Singvögel, z. B. Goldammer und Mönchsgrasmücke, sowie Kleinsäuger, Eidechsen und Insekten. Dahinter erstrecken sich die Felder bis zum Elbe-Lübeck-Kanal.

Archäologische Funde zeugen davon, dass schon in der jüngeren und mittleren Steinzeit Menschen die Gegend bevölkerten. Es soll noch Flintsteinabschlag von der Werkzeugherstellung der Steinzeitmenschen hier zu entdecken sein. Eine Via Regia war keine ausgebaute, befestigte Straße. Die sandigen, aber festen Wegspuren entstanden durch das Befahren mit unzähligen Planwagen. War der

Die Via Regia verläuft durch die Heidehänge der Delvenau

Track nicht mehr nutzbar, entstanden rechts oder links davon einfach neue. Im Taleinschnitt kreuzt die alte Handelsstraße den ⊗ **Mühlenbach** (km 1,6). Der 7 km lange Wasserlauf war einst Teil des „Limes Saxoniae". Ein **Grenzstein** ❶ erinnert an seine ehemalige Funktion als natürliche Grenze zwischen Sachsen und Slawen.

Limes Saxoniae

Während im Norden bereits das Danewerk die Sachsen von den Dänen trennte, bildete der Limes Saxoniae ab Anfang des 9. Jh. die östliche Grenze des Landes der Sachsen zu den besiedelten slawischen Gebieten Wagrien und Polabien. Nachdem Karl der Große den sächsischen Siedlungsraum wieder ins Frankenreich zurückgeholt hatte, wurde per Vertrag 809 die Grenzziehung vereinbart. Im Gegensatz zum Danewerk und dem römischen Limes war diese Grenze kein befestigter Wehrverlauf mit Wällen, Palisaden und Wachtürmen. Ausschließlich natürliche Begebenheiten wie Seen, Flüsse oder Wälder markierten die Grenzlinie in dem schwer zugänglichen Sumpf- und Waldland. Der genaue Verlauf lässt sich so nicht festlegen. Der Anfang lag bei Boizenburg an der Elbe. Er zog sich entlang der Delvenau sowie der Trave und der Schwentine bis zur Kieler Förde an der Ostsee.

Der Mühlenbach war einst Teil des Limes Saxoniae

Zwei Schleswig-Holsteiner aus Achterwehr möchten verhindern, dass dieses bedeutende Kultur- und Geschichtsdenkmal in Vergessenheit gerät. Rolf Schnack engagiert sich in einer Filmgruppe des Offenen Kanals Kiel und hat die 120 km lange grüne Grenze in einem Film festgehalten. Hans-Joachim Feldner, Pädagoge im Ruhestand, hat in mühevoller Kleinarbeit 30 Informationstafeln aus Buchenholz hergestellt. Eine der Tafeln hängt in der ersten Rasthütte in Hornbek, das vor 1070 als germanisches Rundlingsdorf Horchenbici und Grenzort gegründet wurde.

Im leichten Auf und Ab geht es am Hang entlang weiter. Bald wird die winzige Siedlung **Auf der Heide** (km 2) erreicht.

✎   Hier können Sie zum ersten Mal zum Kanal hin abbiegen und nur eine kleine Runde von etwa 6 km drehen.

⌘   Hinter dem Abzweig zum Kanal ist das **Haus eines Eisenbahnfans ❷** leicht zu erkennen. Der sammelfreudige Besitzer hat nicht nur eine Hundetränke am Gartenzaun eingerichtet, sondern Grund und Haus verblüffen den Betrachter mit einem heillosen Durcheinander aus Schildern, Bahnschranken, Gerätschaften und vielerlei mehr.

Geradeaus in Richtung Mölln passieren Sie links des Weges eine ehemalige Kiesgrube, die versteckt im Wald liegt (km 2,5). Die abtauenden Gletscher entwässerten im Tertiär in die Schmelzwasserrinne nach Süden und lagerten dabei Sand ab. Die nacheiszeitlichen Sanderflächen der Delvenauniederung wurden in den 50er-Jahren des 20. Jh. intensiv für den Kiesabbau genutzt.

✎   Ein Wegweiser (km 3,9) weist auf den zweiten Abzweig zum Kanal hin. Hier können Sie die Runde auf knapp 9 km verkürzen, verpassen aber einige interessante Eindrücke der Tour.

Nicht weit entfernt an der Gemarkungsgrenze zu Breitenfelde steht ein ⌘ **Gebietsstein ❸** (km 4) mit der Inschrift: „Freie und Hansestadt Lübeck" und dem Bild des Lübschen Adlers.

Freie und Hansestadt Lübeck

Als das Salz im Mittelalter eines der wichtigsten Handelsgüter wurde, legten die reichen Lübecker viel Wert auf die Sicherheit des Handelsweges und wollten den problemlosen Transport des „weißen Goldes" gewährleisten. Je mehr Land sie besaßen, desto mehr Stützpunkte konnten errichtet werden. Dafür kauften sie zunächst 1391 Hornbek. 1395 verpfändeten die Lauenburger Fürsten, die chronisch klamm waren, noch das Gebiet an der Verkehrsader im Bereich Breitenfelde. Durch den Bau des Stecknitzkanals verlor die Via Regia an Bedeutung. Die Besitzrechte wurden daher 1747 wieder an Lauenburg abgetreten.

Erst im 18. Jh. entstand der mit ⌘ **Feldsteinen gepflasterte Weg**, der den Namen „Alte Salzstraße" erhielt. Auf der folgenden Strecke blieb er größtenteils erhalten. Mit ein bisschen Fantasie werden das Quietschen und Rumpeln der Räder, das Wiehern der Pferde, das Knallen der Peitschen und gewiss die lauten Rufe und Flüche der Kutscher wieder lebendig.

Linker Hand markiert der Granitstein ⌘ **„Alter Brunnen" ❹** (km 5) die Stelle, an der einst die Pferde der Planwagen getränkt wurden. Im Gebüsch unter dem Baum befindet sich der mit Feldsteinen gemauerte Brunnen. Das kleine, zunächst wenig spektakuläre Loch im Boden ist dennoch ein seltenes historisches Zeugnis und wird mit Holzlatten abgesichert.

Auf der Höhe von Breitenfelde knickt die Pflasterstraße zum Kanal hin ab. Kurz vor dem **Priesterbach** (km 5,8) wählen Sie vom 🅿 Wanderparkplatz den kurzen Pfad über die Uferböschung runter zum **Elbe-Lübeck-Kanal ❺**.

Stecknitzkanal

Der Landweg war mühselig, kostspielig und riskant. Auf den schweren Planwagen konnten nur wenige Zentner Salz transportiert werden. Außerdem waren die damaligen Wege kaum für Schwertransporte geeignet. Im nordeuropäischen Salzhandel hatten die Lübecker die Nase vorn. Wie konnte noch mehr von dem wertvollen Gut, mit dem die Skandinavier ihr Fleisch und Heringe konservierten, zur Ostsee geschafft werden? Die Lösung war ein Wasserweg. Auf der Ilmenau ging es von Lüneburg bis an die Elbe, dann eine kurze Strecke elbaufwärts bis Lauenburg. Auf den Flusswindungen der Delvenau kamen die Schiffe stromaufwärts nach Norden bis kurz vor Güster. Dort verhinderte bisher eine Wasserscheide ein Weiterkommen.

Die pfiffigen und gut betuchten Lübecker gaben einen Kanal in Auftrag. Nach sieben Jahren Bauzeit wurde im Sommer 1398 der 11,5 km lange Stichkanal bis nach Mölln eröffnet. Ab den Möllner Seen konnte die Fahrt auf der Stecknitz zur Trave und bis Lübeck fortgesetzt werden. Damit gab es erstmals eine schiffbare Verbindung zwischen Elbe und Trave bzw. zwischen Nord- und Ostsee. Um den Wasserstand des ersten Wasserscheidekanals Europas konstant zu halten, wurden 17 Schleusen errichtet. Eine Meisterleistung war u. a. die Hahnenburgschleuse-Schleusentreppe bei Mölln, die erste Kammerschleuse Nordeuropas.

Für den gesamten Wasserweg von 93 km bürgerte sich der Name Stecknitz-kanal ein, obwohl der ursprüngliche Kanal nur das kleine Stück bei Mölln umfasste. Fast 500 Jahre dauerte der Betrieb auf der „nassen Salzstraße" – ein Rekord. 1896, nach 498 Jahren, wurde die Stecknitzfahrt eingestellt. Bessere Straßen und Eisenbahnen waren wirtschaftlicher. Doch bereits ab 1900 konnte sein fähigerer Nachfolger auf gleicher Strecke von Lauenburg bis Lübeck, der Elbe-Trave-Kanal, später in Elbe-Lübeck-Kanal (☞ Tour 21) umbenannt, seinen Dienst aufnehmen.

Sie kehren nun Mölln den Rücken zu und wandern auf dem alten Treidelweg entlang der Wasserstraße wieder zurück nach Süden. Es ist noch ein gutes Stück bis zum zweiten Abzweig (km 9,8) nach Woltersdorf, der erst hinter der Eisenbahnbrücke über den Kanal auftaucht.

🚼   Wanderer mit Buggy müssen den Kanal bereits hier verlassen. In der Siedlung Auf der Heide stoßen Sie auf den bekannten Hinweg als alternativen Rückweg.

In Sichtweite der Autobahnbrücke schießt rauschend aus einem Rohr unterhalb des Weges am Kanalufer der **Mühlenbach**. Er ist eher zu hören als zu sehen. Rechter Hand ist eine Betontreppe. Hinter der Kanalböschung schimmert ein weißes Haus durch die Bäume. Beim Haus sind Sie schon zu weit. Vor dem Grundstück ist eine Spur im Ufergebüsch (km 10,9) gerade so zu erkennen. Ein schmaler Trampelpfad klettert kurz und steil durch einen grünen Tunnel zu einer Pferdekoppel hoch. Dann quetscht er sich links am Zaun entlang, überquert einen quer liegenden Baumstamm und fällt am Ende der Koppel abrupt zur Zufahrtsstraße des Hauses ab. Diese schwingt sich sanft westwärts aus dem Tal heraus hoch zum 🅿 **Wanderparkplatz** am Start in Hornbek.

⑳ Im Hellbachtal

Für Naturliebhaber

Das bekannte Naturschutzgebiet Hellbachtal mit Lottsee, Krebssee, Schwarzsee und dem anschließenden Sarnekower See ist ein besonderes Kleinod unter den Naturparadiesen. Die sehr unterschiedlichen geheimnisvollen Seen, naturnahe Wälder und das moorige Wiesental sind ein Rückzugsgebiet für viele, u. a. vom Aussterben bedrohte Tier- und Pflanzenarten wie Zauneidechse oder Kreuzotter.

↻	Start/Ziel: Wanderparkplatz am Sarnekower See, L205 vor Gudow, GPS N 53°32.878' E 010°44.979'
➲	12,9 km
⧖	3 Std. 15 Min.
↑ ↓	163 m/163 m
⇧	0-64 m
✎	rote Ente, blauer Halbmond, orange Schwalbe, weißes X vom Fernwanderweg E1/E6/E9, gut markiert, Informationstafeln
⚒	Sowohl der Sarnekower See als auch das Hellbachtal werden von Wald umzingelt. Eine kleine Höhenbarriere trennt die beiden voneinander. Auf den gut zu gehenden Waldwegen im leichten Auf und Ab werden an kühlen Tagen Lichtflecken am Talrand zum Aufwärmen begrüßt.
✕	im Sommer am Campingplatz in Gudow am Gudower See (1,7 km vom Start)
⊼	Sarnekower See und östliche Talseite sind banktechnisch gut ausgestattet, Weststrecke banklos (ab km 2,1 bis 5,9), Schutzhütten (km 5,9, km 9,5)
⛲	Bäckerei und Supermarkt in Gudow (2,1 bzw. 1,8 km vom Start)
≈	Sarnekower See (km 1,8), Krebssee (km 7,2)
👪	Bademöglichkeit im See, Brombeeren und Blaubeeren pflücken
🚼	Die Tour ist für Buggys streckenweise nicht so gut geeignet. Die Wege sind öfters grasig, stark verwurzelt und sandig. Auf der Ostseite lässt es sich meistens gut schieben.
🐕	Im Naturschutzgebiet gibt es keine Auslaufgelegenheit. Der Sarnekower See liegt zwar außerhalb davon, ist aber in Privatbesitz, Hunde dürfen dort auch nicht frei herumlaufen. Die Seeufer sind meist schwer zugänglich oder dürfen nicht betreten werden, Wasser für unterwegs mitnehmen. Ausreichend Mülleimer
P	Parkplatz am Start/Ziel

🚌 Haltestelle Mühlenweg in Gudow, Linie 8850 Mölln–Büchen, Mo-Fr alle 2 Std., gute Anschlüsse in Mölln und Büchen mit Zug und Bus, ☺ über den Mühlenweg zum Sarnekower See und dort die Tour starten (⇆ 2,5 km mehr)

☺ GPS-Guide „Cruso" begleitet Wanderer mit Bild und Text auf der Tour, zu leihen in der Möllner Touristeninformation (☞ Tour 18) für € 3,50.

Am 🅿 **Wanderparkplatz** im Mischwald hilft eine Übersichtskarte bei der Orientierung. Mit der roten Ente laufen Sie nach Westen 200 m hinab zum Waldrand. Nach rechts treffen beim Bootshaus am ⚙ **Sarnekower See ❶** (km 0,4) mehrere Wege aufeinander. Linker Hand rauscht das Wasser des Mühlenbaches durch das Wehr an der Brücke. Wenn Sie sich gut gegen Mücken eingecremt haben, können Sie die 🏞 Wasseridylle in Ruhe betrachten. Es tummeln sich hier viele Fische und Wasservögel. Der Sarnekower See entzieht sich Ihren Blicken durch einen dichten Schilf- und Baumgürtel.

Rechts vom Bootshaus folgen Sie nun den Zeichen „rote Ente 2" am Wald östlich um den See herum. Abzweigende Wege nach Gudow werden ignoriert. Das eiszeitliche Strudelloch ist durch herabstürzendes Schmelzwasser nach dem Motto „steter Tropfen höhlt den Stein" entstanden. Die breite Verlandungszone mit Schilf, Schwertlilien und vielen anderen Sumpf- und Wasserpflanzen wird bestens von dem nährstoffreichen Wasser gespeist. Graureiher fischen in flachen Bereichen nach Beute. Vielfach herumliegendes Totholz ist Nährboden für teppichartige Moospolster und Baumpilze. Die märchenhafte Szenerie wird verstärkt durch mächtige gespaltene Baumstümpfe.

Die moosige Holzbrücke über den **Seemannsbach** (km 0,7) ist ✋ bei Nässe rutschig. An der 〰 **Badestelle** (km 1,8) steigen Sie mit „roter Ente 1" vom See weg hinauf zum ⌘ Alten Frachtweg (☞ Tour 16), einem Nebenweg der Alten Salzstraße. Nach rechts ändert sich wenig später erneut die Markierung. Bei der großen **Kreuzung mit den Findlingen** (km 2,1) übernehmen weißes X und blauer Halbmond die Führung nach Westen durch den Wald. Der Weg ist recht sandig. Links und rechts wachsen Blaubeeren. Über den **Hellbach** (km 2,7) und an der **Gudower Mühle** (km 2,8) vorbei kommen Sie an den **Wasserkrüger Weg** (km 3,2). In Richtung Mölln hat ab jetzt die orange Schwalbe das Sagen für den Wanderer. Fingerhut wiegt sich im Sommer am Wegesrand im Wind. Nach 350 m setzt sich die Schwalbe von der schnurgeraden Forststraße nach rechts in einer rasant abfallenden scharfen Kurve in das ❀ **Hellbachtal** (km 3,9) ab. Am Waldrand entlang nach Norden ergeben sich erstklassige 🏞 Ausblicke über die Tallandschaft.

Hellbachtal

Das unbesiedelte Hellbachtal wurde von Möllner Bauern genutzt. Das waren die sogenannten Ackerbürger, die in Mölln wohnten und das umliegende Land innerhalb der städtischen Feldmark zum Lebenserwerb bearbeiten. So hatten sie die Rechte eines Stadtbürgers, gehörten aber nicht den üblichen Zünften der Stadt an. Bis zu den 60er-Jahren des letzten Jahrhunderts wurden die Wiesen landwirtschaftlich genutzt. Die Grundwassersenkung durch die Landwirtschaft wurde rückgängig gemacht. Der Hellbach mäandriert wieder durch das Tal. Röhrichte, Großseggenriede und die Vermoorung kehren wieder zurück. Allerdings wird einmal im Jahr gemäht und Kühe weiden noch, um die Artenvielfalt zu erhalten. Seltene Orchideen wie das Breitblättrige Knabenkraut wachsen hier.

✍ Ein Talübergang (km 4,2) bietet sich zum Abkürzen der Tour auf 7,8 km an. Allerdings holen Sie sich im sehr feuchten Talgrund nasse Füße. Nahe dem Bach kann der Boden schon mal ein paar Zentimeter unter Wasser stehen.

Bequeme Liegestühle laden im Hellbachtal zum Rasten ein

Beim zweiten **Übergang** (km 5,9) an der  Schutzhütte rücken die Talseiten eng aneinander. Linker Hand am Hang sind zwei eigenwillig miteinander verwachsene Eichen namens ✿ **Adam und Eva** die Attraktion. Rechter Hand können Sie sich am sandigen Ufer des **Hellbaches ❷** die Füße an heißen Tagen im Wasser abkühlen. Über die Brücke ist es ein Katzensprung auf die Ostseite. Mit blauem Halbmond und weißem X geht es Richtung Schwarzsee nach Süden. Der kleine, kreisrunde **Lottsee ❸** (km 5,9) ist ebenfalls ein nährstoffreicher See mit breitem Verlandungssaum, der vom Rand aus langsam zuwächst. Während im Wasser noch Seerosen schwimmen, nimmt die Vegetationsdichte über Röhricht und Großseggen bis zum Erlenbruch in Landnähe zu. Er ist ein Toteisloch (☞ Tour 6).

Es lohnt sich, vom Lottsee einen Abstecher zum östlich gelegenen **Krebssee ❹** bis zur ≈ **Badestelle** (km 7,2) zu unternehmen. Auch wenn nicht immer Badewetter ist, ein Sonnenbad auf dem weißen Sandstrand unter den alten Kiefern mit 🛉 Blick auf die kleine Naturperle ist ein Genuss. Selbst bei Regen geht vom glasklaren See eine seltsame Faszination aus. Das Wasser ist nährstoffarm und kalkreich mit kaum Vegetation. Das ist äußerst selten. Von der Form her handelt es sich um einen Strudelsee.

Südlich vom Lottsee ist der längliche **Schwarzsee ❺** (km 9,2) im Kiefernwald nur über einen Steg zugänglich, damit niemand im moorigen Grund versinkt. Das düstere Gewässer ist von einem gefährlichen Schwingrasen aus Drachenwurz und Seggen ummantelt. Im braunen Wasser ist kein Grund zu sehen. Darüber schweben etliche Libellenarten. Der See ist nährstoffarm, aber huminsäurereich. Das Toteisloch ist ein typischer Braunwassersee mit einem schmalen Vegetationsgürtel. In den Buchten haben sich gelbe Teichrosen einen Platz erobert. Die 🏔 Aussichtsplattform ist von April bis Mitte/Ende Juli wegen eines brütenden Fischadlerpaares gesperrt.

Auf dieser Seite steht am ersten **Talübergang** (km 9,5) eine ⌂ **Schutzhütte**. Danach vollführt das Hellbachtal eine Kehre nach Osten. Am Ende zieht sich der Weg das Tal hinauf. Lassen Sie sich vom Holzschild „Hellbachtal" nicht irritieren und bleiben Sie auf dem Weg, bis er in den **Alten Frachtweg**, heute eine breite Forststraße, mündet (km 11,3). Das weiße X bringt Sie in Richtung Gudow zu der bekannten **Kreuzung mit Findling** (km 11,5). Sie lassen den Findling rechter Hand liegen und marschieren mit „roter Ente 1" zurück zum **Sarnekower See** (km 11,7). Sobald Sie vom Frachtweg ein paar Schritte abgestiegen sind, wenden Sie sich mit „roter Ente 2" (keine Markierung direkt am Abzweig) nach rechts und gehen diesmal westlich um den See herum. Ab der Brücke über den **Mühlenbach** (km 12,4) geht es auf demselben Weg wie zu Beginn zurück zum **Wanderparkplatz**.

☺   Am Ende der Möllner Seenkette liegt der **Gudower See** in der hügeligen Landschaft, bevor die ebenen Sanderflächen des Südkreises anfangen. Wie alle Toteislöcher ist er mit 10 m Tiefe eher flach und ein herrlicher 〰 Badesee. Und es gibt nichts Schöneres, als unter den stattlichen Kastanien am Strand zu sitzen und den Sonnenuntergang zu genießen. Dann kommen die Wasservögel zur Nachtruhe an Land. Schwärme von Staren demonstrieren sagenhaft akrobatische Formationsflüge am Himmel, bevor sie sich in den Baumkronen niederlassen. Genauso schön ist der 🏔 Blick von der Terrasse des Campingplatzrestaurants. Empfehlenswert ist auch ein Gang durch das charakteristische Straßendorf Gudow mit vielen alten, typischen Backsteinhäusern, einer malerischen Gutsanlage und einer uralten Feldsteinkirche.

✗   Seeterrassen am Gudower See, Seestraße 3, 23899 Gudow, 📞 01 52/53 94 76 39, 💻 www.gudow-seeterrasse.de, 🗓 Ende März bis Ende Okt. Di-So ab 12:00, wann geschlossen wird, hängt vom Wetter ab, einfache Speisekarte, aber sehr gutes Preis-Leistungs-Verhältnis, Kinderstuhl und Wickeltisch vorhanden

Lauenburgs
Süden

Elbauen vor Sandkrug (Tour 22)

㉑ Elbe-Lübeck-Kanal: Büchen–Siebeneichen

✕ 🍺 ☴ ☒ ⌘ ✝ 🚢 ✿ 🏠

Tour für Natur-, Dorf- und Fährenfans   👫👫👫 🐿🐿🐿 🐕🐕

Die abwechslungsreiche Wanderung entlang der Alten Salzstraße erlaubt einen eindrucksvollen Einblick in grandiose Naturlandschaften und die dörfliche Kultur Lauenburgs. Absolutes Highlight des Elbe-Lübeck-Kanals ist die Fahrt mit der historischen Seilzugfähre in Siebeneichen. Am Kanal lassen sich viele Vögel beobachten. Das Fernglas sollte mit dabei sein.

↻	Start/Ziel: Wanderparkplatz Elbe-Lübeck-Kanal, L205, Gudower Straße, Büchen-Dorf, GPS N 53°28.746' E 010°37.949'
➲	13,3 km
⧖	3 Std. 20 Min.
↑ ↓	82 m/82 m
⇧	2-73 m
✎	grün-weiße Radwegweiser, blaue Wanderwegweiser, Informationstafeln
🚰	Das Westufer wird von dem gut ausgebauten, sandigen Kanalweg erschlossen. Nach einem kurzen Auftakt auf einer Fahrstraße übernehmen Wald- und Feldwege auf der Ostseite die Führung. Bis auf ein kleines Stück verfügen die asphaltierten Landstraßen auf den letzten 3 km über einen Bürgersteig.
✕	Fitzen (km 11), Büchen-Dorf (km 12,8)
☴	Bänke alle 2-3 km, Rastplätze (km 0, km 1,9, km 5,1), Schutzhütte (km 3)
🚢	Eis an der Fähre Siebeneichen
👫	Spielplatz an der Fähre Siebeneichen und in Fitzen, Spielen am Kanal und Fahren mit der Seilzugfähre, Vogelbeobachtung, zwei kurze Stücke von jeweils 500 m ohne Gehweg an der Straße, wobei die Zufahrtsstraße zum Campingplatz am Kanal zeitweise am Wochenende mehr befahren wird, Querung der L205 auf Hin- und Rückweg
🐿	normalerweise problemlos, Waldwege nach Regenguss aber ziemlich matschig
🐕	Asphaltstrecken an heißen Tagen wenig pfotenfreundlich, längerer Rückweg auf der Ostseite des Kanals ohne Wasser, mehrere Mülleimer, viele und lange Ausläufe möglich, Badegelegenheiten am Kanal, Vorsicht: Kanalweg am Wochenende stärker von Radlern frequentiert
🅿	Parkplatz am Start/Ziel. Alternativ können Sie vom Parkplatz am Stichkanal in Büchen, Hafenstraße, GPS N 53°29.561' E 010°37.362', oder von der Kirche in

Büchen-Dorf, GPS N 53°28.812' E 010°38.351', starten. Alle Parkplätze sind gebührenfrei.

🚌   Haltestelle Kirche, Gudower Straße, Büchen-Dorf, Linie 8850 Mölln–Büchen, Mo-Fr alle 2 Std., gute Anschlüsse in Mölln und Büchen mit Zug und Bus

✋   Weil die Fähre nicht mehr ganzjährig betrieben wird, ist die Tour nur vom 1.4. bis 3.10. möglich!

Der **P** **Wanderparkplatz** befindet sich auf der Ostseite des Elbe-Lübeck-Kanals (ELK) direkt südlich der Straßenbrücke. Nördlich der Landstraße L205 steht das Kanalufer unter Naturschutz und ist für die Öffentlichkeit gesperrt. Von der Straßenbrücke ergeben sich glänzende 📷 Weitblicke über den ELK. Lange Baumreihen säumen das Wasserband, das je nach Wetterlage von tiefblau bis dunkelgrau schimmert. Dahinter erstrecken sich Felder und Wiesen. Sie wechseln hinüber auf die Westseite. Erst am Ende der Leitplanke können Sie den Fuß-/Radweg nach Büchen verlassen, die Straße queren und auf dem Sandweg zum Kanal laufen. Dort stoßen Sie auf den Kanalbetriebsweg, auf dem Sie der Radroute „Alte Salzstraße" Richtung Mölln/Siebeneichen folgen.

Am 🪑 Rastplatz (km 1,9) knickt der Sandweg plötzlich nach Westen ab. Er umrundet einen etwa 450 m langen **Stichkanal.** Früher konnte im Kanal noch geschwommen werden, jedoch verschlechterte sich die Wasserqualität in den 1960ern zunehmend. Zwar tummeln sich wieder reichlich Fische in den Tiefen, dennoch ist das Baden nur für den Hund zu empfehlen.

Im Sommer sind viele Sportboote auf dem Kanal unterwegs

Am Ende des Stichkanals (km 2,3) beim Ortsrand von Büchen ist vom früheren Hafenbecken kaum etwas zu erkennen. Von der teilweise verfallenen Hafenmauer ergibt sich jedoch ein unvergleichlicher 📷 Blick über das paradiesische Naturidyll. Häufig ankern

dort Sportbootfahrer für ein Weilchen. Zurück am **ELK** (km 2,9) können Sie von der ⊼ Bank in Ruhe die Kraniche und Reiher beobachten, die gerne auf der gegenüberliegenden Seite auf den Weiden rasten. Mit etwas Glück streift ein Milan auf Beutefang über der offenen Kulturlandschaft durch die Lüfte. Sobald die Häuser von Siebeneichen linker Hand am sanft geneigten Hang auftauchen, sticht oben am Feldrand ein einsamer, hoher Pfahl ins Auge. Auf ihm thront ein gewaltiges **Storchennest** ❶.

Auf der anderen Kanalseite tummeln sich bei den ehemaligen ✿ Baggerseen zahlreiche Wasservögel. In der Kinderstube auf dem Kanaldamm tobt im Frühjahr das Leben. In der breiten Rinne der Delvenau (☞ Tour 19) lagerten die

Schmelzwasser der letzten Eiszeit bis zu 18 m dicke Sand- und Kiesschichten ab. Lastkähne mit Baukies schippern zwar immer noch über die Verkehrsader, doch die meisten Kiesgruben sind mittlerweile ausgebeutet. Die oberhalb der Kanalkurve bei Güster wurden in ein Ferienzentrum umgewandelt, während diejenigen bei Siebeneichen und Fitzen nun ein herausragendes Naturschutzgebiet bilden.

Das Fährhaus an der **Fähre Siebeneichen** ❷ (km 5,1) ist nun in Privatbesitz. Die ehrenamtlichen „Fährjungs" haben ihr neues Domizil im grauen Bauwagen direkt am Fähranleger aufgeschlagen.

 Fähre Siebeneichen, 🗓 1.4.-3.10. Sa/So 10:00-18:00, Feiertage 10:00-18:00,
Fährpreis: Spende nach eigenem Ermessen,
🖥 http://faehre-siebeneichen.prudenter-agas.com

 Im Bauwagen der Fährleute gibt es Eis zu kaufen, die Erlöse kommen der Fähre zugute.

Fähre Siebeneichen

Mit dem Bau des Elbe-Lübeck-Kanals im Jahr 1900 wurde die Fähre zwischen den Gemeinden Siebeneichen und Fitzen in Dienst gestellt. Damit die Seile die Schifffahrt auf dem Kanal nicht behindern, liegen diese, wenn die Fähre nicht fährt, auf dem Grund des Kanals. Das Führungsseil, das die Fähre auf Position hält, muss vor Fahrtbeginn immer noch per Hand angespannt werden. Das Zugseil, an dem sich nun per Motorkraft vorwärts gezogen wird, wird durch den Zugvorgang kurzzeitig angehoben. Um Kollisionen zu vermeiden, kündigen sich große Schiffe mit einem Schallsignal an. Kleinere Schiffe müssen dem historischen Schmuckstück Vorrang gewähren, sobald die Seile gespannt werden.

Wegen Geldmangels musste der Kreis Herzogtum Lauenburg den Fährbetrieb Mitte 2016 beenden. Menschen aus der Region gründeten einen Förderkreis, um „ihre" Fähre zu retten. Einige Männer und Frauen haben eine Ausbildung zu sogenannten Fährjungs absolviert. Dazu gehören 90 Tage Fährdienst unter Aufsicht eines hauptamtlichen Fährmannes, eine Theorieprüfung mit 400 Fragen und das Funkerpatent.

Weil in der ersten Schwimmstätte in Siebeneichen in den 50ern nicht gesprungen werden konnte, wurde damals unten am Fähranleger ein provisorisches Sprungbrett gebaut. Für den Mutsprung aus 3 m Höhe wurde eine lange Bohle an eine in den Hafengrund gerammte Pfahlgruppe befestigt.

Im Winter konnte der Fährmann entweder eine Eisrinne für die Fähre hacken oder die langen Bohlen als Laufsteg aufs Eis legen. Zu der Zeit arbeiteten viele

Die Seilzugfähre von Siebeneichen

Dörfler auf der Fitzener Seite des Kanals in den Kieswerken. Die Fähre musste ganzjährig verkehren. Heute ist sie eine Touristenattraktion.

Vor der Überfahrt können Sie einen lohnenswerten Abstecher ins Dorf **Siebeneichen** unternehmen.

Vom Fähranleger zieht sich die Straße 225 m sanft bis zur Kreuzung am Ortsrand hoch. Nach rechts geht es nach Roseburg. Nach links beschreibt die Kanalstraße einen kräftig ansteigenden Bogen hinauf zum mittelalterlichen Dorfkern. ⇆ 840 m

Siebeneichen

Siebeneichen ist ein typisches Angerdorf der ursprünglichen Art. Statt eines Brunnens oder Teiches formt hier allerdings die spätbarocke Feldsteinkirche den Mittelpunkt auf dem Dorfplatz. Als Wetterfahne wurde ganz ungewöhnlich ein Fisch auf die Kirchturmspitze gesetzt. Drumherum gruppieren sich entlang der alten Kopfsteinpflasterstraße die großen Höfe mit sehenswerten Fassaden und Scheunen. Darunter befindet sich das vormalige Pfarrwitwenhaus. Im Eingang zum Grundstück ist links vom Türpfosten der legendäre „botterweike" Stein eingemauert. Ein Schild erklärt die Besonderheiten des Dorfes.

Sie setzen mit der Fähre auf die Fitzener Seite des Kanals über. Mit viel Quietschen und lautem Tuckern des Dieselmotors kommt die leuchtend gelbe alte Dame in Bewegung. Zahlreiche knallorange Rettungsringe zieren die Reling. Für einen Plausch mit dem „Fährjung" ist immer Zeit. Auf der Ostseite müssen Fahrgäste die Fähre mit der Messingglocke rufen. Übrigens – die engagierten Mitglieder des Fördervereins holen auch für einzelne Personen über.

Vom Fähranleger marschieren Sie auf der Zufahrtsstraße am Campingplatz vorbei. Nach 550 m treffen Sie am Waldrand auf den Rundwanderweg. Dort verlassen Sie den Radweg nach Fitzen und wenden sich nach links nach Bergholz am Waldrand entlang. Das Holzschild mit dem blauen Pfeil wird vom Gebüsch etwas verdeckt. Der Waldweg kann bei Nässe stellenweise immer wieder matschig sein. Sie bleiben auf Tuchfühlung mit dem Kanal, der in der Delvenauniederung eine große Schleife hinlegt. Der grüne Kanaldamm mit einer Pappelreihe ist inmitten der Wiesen und Weiden erst auf den zweiten Blick auszumachen.

An ⏸ aussichtsreicher Stelle wurde eine bequeme ⏬ **Holzliegebank ❸** (km 7) aufgestellt. Im Westen erheben sich die ⚘ Göttiner Heidehänge am Horizont.

Göttiner Heidehänge

Die Göttiner Heidehänge sind Überbleibsel der früher ausgedehnten Heidelandschaften, die sich von Mitteldeutschland bis an die Ostsee erstreckten. Die nährstoffarmen, sandigen, trockenen und intensiver Sonnenstrahlung ausgesetzten Böden im südöstlichen Lauenburg weisen aber noch eine besondere klimatische Eigenheit auf: verhältnismäßig warme Sommer, kalte Winter und geringere Niederschläge als im Landesdurchschnitt. Dadurch kommen in dieser Region teilweise andere Arten vor als im restlichen Schleswig-Holstein. Hier an den Prallhängen bei Göttin wurden die Reste dieser speziellen „Lauenburgischen Wärmeheide" in einem 72 ha großen Gebiet unter Naturschutz gestellt.

Der dritte Abzweig (km 8,6) ist unten am Waldrand unmarkiert. Erst dort trennen Sie sich vom Hangweg und halten sich nach rechts aufwärts. Oben an der sandigen Fahrstraße schickt Sie der blaue Pfeil vom Rundwanderweg um die Kurve nach rechts um den Wald herum. Am **grünen Trafokasten** (km 8,9) kehren Sie dem Wald und dem Wanderweg den Rücken zu und biegen nach links zwischen die Felder ab. Ein Schild „Vor dem Holz Familie Lüneburg" steht am Straßenrand. Auf den kaum befahrenen Wegen wird bei Trockenheit eine Staubfahne aufgewirbelt.

Beim **Hof Moorlee** (km 10,4) geht es nach rechts nach **Fitzen** hinein. An der Straßenecke steht linker Hand die **alte Dorfschule ❹** (km 10,9). Einige Dörfler haben dort noch die Schulbank gedrückt. Sie wandern nach links auf der Dorfstraße zwischen vielen alten Höfen im typischen Backsteinbau vorbei. Große Scheunentore konkurrieren mit schmuck gestalteten Backsteinfassaden. Dazwischen bereichern Fachwerkhäuser und Reetkaten das reizvolle, über 750 Jahre alte Dörfchen.

Das Eulenloch

Traditionell gab es früher an den Häusern im Dachgiebel das sogenannte Eulenloch. Durch die Öffnung konnten Eulen hineinfliegen, damit sie auf dem Dachboden Nagetiere fingen. Sie haben da auch gebrütet. Um das Reet bzw. Stroh an der Dachkante vor dem Ausfransen durch Windböen zu bewahren, wurden davor Holzlatten zum Schutz und zur Verstärkung angebracht. Auch in Fitzen und in Büchen-Dorf verkleiden die gekreuzten Windbretter mit den typischen Pferdeköpfen am Ende noch etliche Dachfirste.

In Fitzen leben mehr Kühe als Einwohner. Aber wer denkt, hier wäre nichts los, täuscht sich gewaltig. Einen Grund zum Feiern finden die Einwohner immer. Und so steppt regelmäßig der Bär, vor allem in **Möllers Gasthof**.

✗   Möllers Gasthof, Dorfstraße 14, 21514 Fitzen, ☎ 041 55/22 54, 🕘 Mo und Do Ruhetag, sonst tgl. ab 14:00, Kinderstühle vorhanden, kein Wickeltisch, Hunde sind herz-
lich willkommen, typischer Landgasthof in Familienhand, einfache, aber gute Küche,
gefüllte Teller zu günstigen Preisen

Die Radwegschilder leiten Sie sicher aus dem Ort hinaus und hinüber nach Büchen-Dorf zum Kulturtreff und Café **Priesterkate ❺** (km 12,8).

Priesterkate

Das reetgedeckte Fachhallenhaus ist das älteste denkmalgeschützte landwirtschaftliche Gebäude Lauenburgs. Alte Quellen besagen, dass der Pötrauer Pastor Pistonus im Jahr 1634 einen kaiserlichen Soldaten beim Raub überraschte und ihn erschoss. Aus Rache machten die kaiserlichen Soldaten die vorherigen Pastorate Pötrau und Büchen dem Erdboden gleich und verwüsteten die Kirchen. Das heutige Gebäude wurde daher 1649 nach Ende des Dreißigjährigen Krieges errichtet.

Die Priesterkate in Büchen-Dorf

☕ Priesterkate, Gudower Str. 1, 21514 Büchen, ☎ 041 55/61 14, 🗓 Febr.-Dez. erster und zweiter So im Monat und an Feiertagen 13:00-18:00, Karfreitag und Weihnachten geschlossen, berühmt wegen der fantastischen Sahnetorten, viele interessante Veranstaltungen wie Lesungen, Konzerte, Kabarett, kein Kinderstuhl, kein Wickeltisch, Infos: 💻 www.amt-buechen.eu

⌘ Galerie, Dauerausstellung zur innerdeutschen Grenze, Ausstellung zum Stecknitzkanal (☞ Tour 19), Eintritt frei

Von der Priesterkate gegenüber der ✝ **Marienkirche** können Sie bereits zum Kanal hinabblicken. In der Ferne ist Büchen zu sehen. Im Talgrund kreuzt die L205 den Fluss **Stecknitz**, früher Teil des natürlichen Stecknitzkanals (☞ Tour 19). Durch den Bau des ELK und Entwässerung wurde ihm die Wasserzufuhr entzogen. So schrumpfte er zu einem nicht schiffbaren Rinnsal zusammen. Nahebei erreichen Sie schließlich den **Wanderparkplatz** am Ausgangspunkt.

㉒ Hohes Elbufer   ✕ ⅂ WC 🚎 🏊 ⌘ 🚢 ❀ 🏠

Tour für Familien, Naturliebhaber und Geschichtsinteressierte 👪👪 🥾🥾 🐕🐕

Das Naturschutzgebiet Hohes Elbufer zwischen Tesperhude und Lauenburg umfasst den westlichsten Teil des Biosphärenreservates Flusslandschaft Elbe. Auf dem Uferweg ragt auf der einen Seite der imposante bewaldete Steilhang auf. Zum Wasser hin dehnt sich der wildromantische Auwald der Elbe aus. Er ist Lebensraum vieler Wasservögel und des Bibers. In der Schifferstadt Lauenburg mit dem malerischen Elbpanorama bezeugt die Altstadt noch heute den einstigen Reichtum. Auf Schritt und Tritt begegnen Sie Geschichte und Kuriosem.

→   Start: Bushaltestelle Strandweg, Elbuferstraße, Tesperhude, GPS N 53°24.177' E 010°25.509'; Ziel: ZOB, Askanierring, Lauenburg, GPS N 53°22.413' E 010°33.219'

↻   11,4 km

⏳   2 Std. 45 Min.

↑ ↓   103 m/66 m

⇧   0-36 m

✎   Blaues geschwungenes e für Elberadweg auf dem oberen Hangweg, gelber Richtungspfeil für Elbewanderweg auf dem Uferweg (mit L in Richtung Lauenburg, mit G in Richtung Geesthacht). Der Wanderweg ist nicht so gut markiert wie der Radweg, aber die Richtung kann nicht verfehlt werden. Folgen Sie immer der Elbe. Einige Infotafeln

🚶   Entlang des Steilufers der Elbe haben Sie die Wahl zwischen Ufer- oder Hangweg. ✋ Bei Hochwasser ist nur der obere Weg begehbar. Diese reizvolle Wald- und Auenwanderung ändert hin und wieder die Höhe am Steilufer. Das letzte Stück ab der Liegewiese in Glüsing rückt die Natur etwas näher. Da müssen Sie sich schon mal unter einem quer liegenden Baumstamm hindurchbücken.

✕   mehrere Einkehrmöglichkeiten am Start in Tesperhude, ☺ Café Koch und Elbkantinchen, Alter Sandkrug (km 5,7), größere Auswahl in Lauenburg, ☺ Café Petticoat und Restaurant Zum alten Schifferhaus

⅂   ausreichend Bänke unterwegs, Rastplätze (km 3,3 am oberen Hangweg, km 6,8 in Sandkuhle)

WC   Tesperhude am Start beim Freiluftlokal Elbkantinchen

🚎   Netto 1,8 km vom Start entfernt in Grünhof, mehrere Einkaufsmöglichkeiten in Lauenburg am Ziel

Das Baden in der Elbe ist nur unterhalb der Jugendherberge in Lauenburg erlaubt (km 10). Freibad westlich der Altstadt (km 10,4, ↳ 180 m entfernt)

Spielplatz in Tesperhude, Bademöglichkeit in Lauenburg, Fahrt mit dem Raddampfer Kaiser Wilhelm, längere Wegstücke entlang der Steilkante

fast problemlos, kurzes Stück auf holpriger Pflasterstraße, Abstieg zur Liegewiese in Glüsing sehr steil und stark verwurzelt, schieben sehr schwierig, größeres Ausweichmanöver auf dem Elberadweg möglich

öfters Trinkgelegenheit an der Elbe, vielfach Mülleimer, pfotenfreundliche Tour, Leinenpflicht auf der gesamten Strecke im Naturschutzgebiet

Start: Parkplatz am Elbufer, GPS N 53°24.159' E 010°25.522'; Ziel: mehrere gebührenpflichtige Parkplätze in Lauenburg, ☺ Schlüsselteichplatz, 250 m vom ZOB, gebührenfrei, GPS N 53°22.470' E 010°33.031'

Haltestelle Strandweg in Tesperhude beim Start, Linie 8800 Bergedorf–Lauenburg, tgl. stdl., von Bergedorf S-Bahn-Anbindung ins Liniennetz Hamburg, von Lauenburg per Bus in die nächstgrößeren Orte. ☺ Fahren Sie morgens von Lauenburg mit dem Bus nach Tesperhude und wandern Sie zeitunabhängig zurück. Lauenburg hat so viel Interessantes und Kulinarisches zu bieten, dass Sie dann nach Herzenslust in der Altstadt herumstöbern können.

Bahnhof an der B209 an der Elbbrücke, über die Bahnlinie Lüneburg–Lübeck weiter in Schleswig-Holstein

Raddampfer Kaiser Wilhelm, Fahrten auf dem mit Kohle betriebenen Raddampfer von 1900 von Lauenburg nach Hitzacker, Bleckede, Geesthacht, Hoopte oder Hamburg, ▯ Ende April bis Ende Sept., einfache Fahrt € 13/22 (je nach Strecke), Kind 6-12 J. 50 %, Hunde sind an Bord willkommen, sollten jedoch dampftauglich sein, da es häufig zischt und die Dampfpfeife für Hundeohren recht laut ist. Infos bei Holger Böttcher, Postfach 1310, 21478 Lauenburg, ☎ 041 53/510 86, Tickets und Reservierungen unter ▯ 01 70/190 05 2, 💻 www.raddampfer-kaiser-wilhelm.de, ☺ mit dem Raddampfer nach Geesthacht, von dort zu Fuß am Elbufer 5,1 km bis Tesperhude oder mit der 🚌 Linie 8800 nach Tesperhude bzw. Lauenburg

In **Tesperhude** unten am Elbufer haben Sie die Wahl zwischen verschiedenen ✗ Lokalitäten – alle mit Elbblick. Dabei reicht die Palette vom Café Koch mit 60-jähriger Familientradition bis zum hippen Freiluftlokal Elbkantinchen mit Küche frisch aus dem Topf.

✗   Café Koch, Tesperhuder Str. 70, 21502 Geesthacht, ☎ 041 52/83 70 99, 💻 www.cafe-koch.com, ▯ Mo-Fr 12:00-18:00, Sa/So 9:00-18:00, alter Familienbetrieb mit großer Tortentheke aus eigener Konditorei, Aussichtsterrasse innen und außen mit Blick auf Elbe, Wickeltisch und Kinderstuhl vorhanden, ☺ am Wochenende gut frühstücken und dann los

♦ Elbkantinchen, Strandweg 1, 21502 Geesthacht, 📱 01 71/971 86 86, 📧 ahoi@elbkantinchen.de, 🖥 www.elbkantinchen.de, 📅 März und Nov. Sa/So 9:30-Dämmerung, April und Okt. unter der Woche nur bei gutem Wetter und Sa/So 9:30-18:00, Mai-Sept. Di-So ab 9:30, nettes Freiluftlokal mit Logenplatz an der Elbe, kleine Karte, aber alles wird hausgemacht und nichts kommt fertig aus der Dose. Essen und Preise sind daher nicht mit einer billigen Imbissbude vergleichbar.

Dort ragt weit ins Wasser hinein der Schiffsanleger. Er eignet sich hervorragend als 🖼 Aussichtsplattform über die Elbe. Hin und wieder legt noch mal ein Ausflugsschiff an. Der 🚢 Raddampfer stoppt hier leider nicht mehr. Erst wieder einen Ort weiter in Geesthacht ist eine Station. Sie wandern auf der Uferpromenade nach Osten Richtung Lauenburg (kein Schild.) Am Spielplatz vorbei kommen Sie zum 🅿 Parkplatz (km 0,4) des **Campingplatzes Hohes Elbufer**. Sie kreuzen die Zufahrtsstraße. Links vom Eingang zum Campingplatz markiert eine große Informationstafel den Anfang des ⚜ **Naturschutzgebietes Hohes Elbufer**.

Hohes Elbufer

Links vom Waldweg baut sich der mächtige Steilhang auf. Zahllose knorrige Baumriesen – Buchen, Eichen und Kiefern – krallen sich in die Erde. Bizarr ausgewaschene Wurzeln, umgestürzte Bäume, verkeiltes Totholz, Steilwände mit Brutkolonien der Uferschwalben und efeubewachsene Stämme bilden einen fantastischen Naturwald. Tiefe Einschnitte und Kerbtäler (🚲 Tour 3) prägen die Elbhänge.

Das Gelände des Campingplatzes begleitet Sie rechter Hand noch bis kurz vor die **Sperrung des Uferweges** ❶ (km 1,2). Aus Naturschutzgründen blockiert eine Barrikade aus Baumstämmen den Weg geradeaus. Nach links steigen Sie 70 m hoch zum Elberadweg. Nach rechts windet sich dieser am Hang entlang durch den Wald. An einer 🪑 **Liegebank** (km 1,6) mit 🛈 Infotafel weichen die Bäume kurz auseinander und öffnen 📷 den Blick auf die Elbe. 50 m weiter können Sie an einer Gabelung wieder nach rechts zum Uferweg hinabsteigen. Unten am Fluss ignorieren Sie den Weg nach rechts zur Bucht und halten sich stattdessen geradeaus auf den Waldweg am Fuß des Steilhanges.

Auwald

Rechter Hand wird der Wald immer wieder durch die Elbe überschwemmt. Im Auwald quaken die Frösche. Erlen, verschiedene Weidenarten und Schwarzpappeln säumen die Auwiesen. In den verträumten Buchten laden kleine Strände zum Rasten ein. Auf den Teichen und Seen in den Auen bedecken Seerosen das Wasser. Im Röhricht hausen etliche Wasservögel. Das ist auch das Revier des Bibers. Aufmerksame Beobachter finden typische Nagespuren am Gehölz.

Mehrere 🛈 Infotafeln (km 5,2) kurz vor **Sandkrug** (km 5,4) weisen auf den Biberweg hin. Nach rechts lohnt sich ein Abstecher an einem schönen kleinen Sandstrand vorbei bis zur **Elbfurt**. An dieser Stelle durchquerte die alte Handelsstraße Via Regia und spätere Alte Salzstraße (🚲 Tour 19) die Elbe zwischen Artlenburg und Sandkrug. Anschließend quälten sich die schwer beladenen Planwagen den steilen Hohlweg am **Alten Sandkrug** ❷ (km 5,7) vorbei hinauf.

Alter Sandkrug

Er ist das älteste Gasthaus nördlich der Elbe und bewirtet Reisende schon seit 900 Jahren. In den dazugehörigen Ställen konnten sich die Fuhrleute frische Pferde besorgen. Schlafstätten mit Strohsäcken waren ebenfalls vorhanden. Um 1900

Umgestürzte Bäume als Spiel- und Rastplatz

vernichtete leider ein Feuer die historischen Gebäude. Der umwerfende  Ausblick über die Elbe nach Artlenburg und ein gastfreundliches, ungewöhnliches Gasthaus blieben erhalten.

✗   Alter Sandkrug, Alte Salzstr. 34, 21481 Schnakenbek, ☎ 041 53/52 09 76, Nov.-Febr. Fr-So 12:00-19:00, sonst Mi-So 12:00-19:00, hervorragendes Essen, Aussichtsterrasse über der Elbe und gemütliches Gasthaus, viel Historisches und Antiquarisches zu bestaunen, das teilweise käuflich zu erwerben ist, Selbstgemachtes wie Kekse und Marmelade zum Mitnehmen, am Wochenende selbst gebackenes Brot aus dem eigenen Backhaus, kein Wickeltisch, Kinderstuhl vorhanden

Das grobe Kopfsteinpflaster stammt erst aus den späteren Jahren der Salzstraße. Oben an der Kreuzung (km 5,9) biegt der Elberadweg nach rechts ab. Sobald er sich nach links in den Wald absetzt, empfiehlt sich geradeaus ein Abstecher zur Ertheneburg.

Am Ende der Straße wenden Sie sich nach 80 m bei der ℹ️ Infotafel Ertheneburg nach rechts auf den Waldpfad. Er mündet nahebei in den Burgplatz der **Ertheneburg** ❸. Am Südrand des Ringwalls aus Erde befindet sich ein grandioser Aussichtspunkt in luftiger Höhe. Sie überschauen den Elbe-Seitenkanal, die weite Elbmarsch und Artlenburg mit seinem gedrungenen Kirchturm.

Zurück beim 🛈 Infoschild (km 6,5) führt geradeaus ein unmarkierter Pfad in den Wald hinein. Er verläuft parallel zum Radweg, streift eine ausgebeutete Sandgrube mit ⛺ Rastplatz (km 6,8) und vereint sich dann mit dem Radweg (km 6,9). Nach dem 🛈 Infoschild Wald (km 7,1) knickt der Weg abrupt nach Osten ab. 75 m weiter zweigt der Wanderweg nach rechts zum Hochufer ab. Entlang der blumenreichen Steilkante mit wilden Erdbeeren gestaltet sich die Wanderung spannend, aber nicht gefährlich. Zwar stürzte im Mai 2017 ein Mann hier 20 m in die Tiefe und verletzte sich schwer an der Schulter, aber das passierte nur, weil er vom Weg abgewichen war. Er wollte seinen abgerutschten Rucksack bergen.

✋   Vorsicht ist allerdings bei Nässe beim sehr steilen Abstieg auf dem stark verwurzelten Pfad hinab zur **Liegewiese ❹** (km 8,1) geboten. Eine tiefe Erosionsrinne unterhalb Glüsings weitet sich hier zur Elbe. 🚶 Wanderer mit Buggy können einen Abzweig (km 7,5) vorher zum Radweg zurückkehren und über die Rinne die Liegewiese erreichen.

Am Ostende der Wiese schlängelt sich unterhalb des Elbhangs auf Wasserhöhe ein Pfad durch das einmalige Naturparadies. An mehreren kleinen Stränden können Sie sich zumindest ein Fußbad gönnen. Ins kühle Nass eintauchen dürfen Sie am **Badestrand ❺** (km 10). Bald danach treffen Sie auf die **Uferstraße** (km 10,2) am Stadtrand von Lauenburg. Nach links geht es 180 m hoch zum 〰 Freibad. Geradeaus ist 100 m weiter das Café Bootshaus.